VERFÜHRERISCHE SÜSSIGKEITEN

Verführerische
Süßigkeiten

FÜR SIE

Die Originalausgabe erschien 1998 in Großbritannien
unter dem Titel „Sweet Treats“ in der Reihe „Kitchen Library“
bei Hamlyn/Octopus Publishing Group Limited
2 - 4 Heron Quays, London E14 4JP

Deutschsprachige Ausgabe:
 / 5 4 3 2 1
Printed in China

Übersetzung aus dem Englischen: Christiane Daxer
Projektleitung: Claudia Bruckmann
Redaktion und Satz: Redaktionsbüro Cornelia Klaeger, München
Produktion: Renate Hutt
Umschlaggestaltung: Kraxenberger KommunikationsHaus
Umschlagfoto: Martina Görlach/FoodPhotography Eising
Rezeptfotos: Octopus Publishing Group Ltd./Howard Allman/Bryce Attwell/Steve Baxter/Theo Bergstrom/Martin Brigdale/Laurie Evans/Paul Grater/Christine Hanscomb/Paul Kerry/Graham Kirk/Vernon Morgan/Roger Stowell/Philip Webb/Paul Williams

ISBN 3-7742-1208-2

Wichtiger Hinweis:
Das Rezept für das Gericht „Profiteroles“ auf dem Titelbild finden Sie auf Seite 19.

Inhalt

EINLEITUNG

Wenn Sie zu denen gehören, die den ersten und zweiten Gang eines Menüs nur als Auftakt für den letzten, wichtigsten Gang – die pièce de résistance – betrachten, haben Sie das richtige Buch gewählt. Hier finden Sie nämlich viele tolle Rezepte für leckere Süßspeisen: z.B. für echte Puddings, Mousses und Eiscremes, knusprige Kekse und Kuchen zum Tee oder Kaffee und auch eine Auswahl an süßen Geschenkideen, wie Nougat und Schokoladen-Fudge, mit denen Sie liebe Freunde und Familienmitglieder beglücken können.

WELCHES DESSERT PASST?

Bei der Wahl des Desserts gibt es viele Dinge zu beachten. Kochen Sie beispielsweise nur ein einfaches Gericht für die Familie? Oder laden Sie zu einem zwanglosen Abendessen mit guten Freunden oder Nachbarn ein? Bereiten Sie eine formelle Dinner-Party zur Feier eines besonderen Anlasses vor? Möchten Sie einen leckeren, aber einfach und schnell gemachten Nachtisch servieren oder ein extravagantes Dessert, das bereits einige Zeit zuvor zubereitet werden kann? Die Zeit, die Sie zum Kochen aufbringen können, ist offensichtlich ein sehr wichtiger Faktor. Kochen Sie für viele oder wenige Personen? Möchten Sie ein kaltes oder warmes Dessert servieren? Was bereiten Sie als ersten und zweiten Gang zu? Sie werden wahrscheinlich nicht in jedem Gang ein Gericht mit Teig servieren wollen?
All diese Fragen sollten Sie vor der Entscheidung, welches Dessert Sie zubereiten möchten, in Betracht ziehen. Wenn Sie vorher gut planen, ersparen Sie sich nämlich viel Streß. Überlegen Sie sich einfach, wieviel Zeit Sie für die Vor- und Zubereitung haben.

NÜTZLICHE KÜCHENGERÄTE

Sie benötigen keine speziellen Küchengeräte, um die Rezepte in diesem Buch nachkochen zu können. Vieles geht allerdings leichter mit einer Küchenmaschine oder einem elektrischem Handrührgerät. Zusätzlich leisten Ihnen unterschiedliche scharfe Messer gute Dienste. Benutzen Sie keine Messer mit Klingen aus Flußstahl, denn diese sind nicht säurefest und verfärben sich leicht durch Fruchtsäuren. Die Verfärbung wird dann auf die Früchte übertragen. Sie sollten alle Messer regelmäßig schleifen und sachgemäß aufbewahren, damit sie nicht stumpf werden.
Ein Sägemesser ist zum Schneiden von Kuchen und Gebäck ideal, und ein Gemüseschäler mit schwingender Klinge ist besonders praktisch zum Schälen von Zitrusfrüchten. Eiweiß und Schlagsahne schlagen Sie am besten mit den Schneebesen eines elektrischen Handrührgeräts steif. Für das Mischen von Teig nehmen Sie dessen Rührstäbe.
Zu den etwas spezielleren nützlichen Küchenwerkzeugen zählen beispielsweise ein Kugelausstecher, ein Entsteiner und ein Grapefruit-Messer, mit dessen gebogener Sägeklinge man leicht Früchte aushöhlen sowie Steine und Kerne entfernen kann. Eine Pralinengabel mit langen dünnen Zinken erleichtert das Eintauchen von Konfekt in Schokolade oder Zucker. Allerdings eignen sich hierfür auch Cocktail-Stäbchen. Mit einem Spritzbeutel und entsprechenden Tüllen lassen sich Baisermassen oder Schlagsahne aufspritzen, um Desserts den letzten Schliff zu geben. Ein Spritzbeutel ist außerdem hilfreich beim Aufspritzen von Brandteig.

Nützliche Formen sind beispielsweise Auflaufförmchen, Puddingformen, Portionsförmchen für Cremes und Eis sowie Springformen und Tartelettförmchen. Verwenden Sie am besten immer die in den Rezepten angegebenen Größen, damit das Dessert auch wirklich gelingt.

SCHOKOLADE

Ihre volle Farbe, ihre einzigartige Konsistenz und ihr unwiderstehlicher Geschmack machen Schokolade zu einer der beliebtesten Zutaten für Desserts oder andere Süßspeisen. Zartbitterschokolade eignet sich zum Kochen am besten. Den intensivsten Geschmack und die cremigste Konsistenz hat eine Schokolade mit einem Kakaoanteil von mindestens 70 Prozent. Vollmilchschokolade und weiße Schokolade enthalten weniger Kakao, und ihr Geschmack ist weniger intensiv – allerdings ergeben sie einen hübschen Kontrast zur Zartbitterschokolade. Kuchenglasur mit Schokoladengeschmack ist ein Imitat und sollte nicht als Ersatz für Schokolade verwendet werden. Kakaopulver besitzt einen sehr herben Geschmack, weshalb es das Schokoladenaroma in Kuchen gut unterstreicht. Trinkschokoladenpulver für die Zubereitung von Milchgetränken kann nicht als Ersatz für Kakaopulver benutzt werden. Rezepte mit Schokolade finden Sie auf den Seiten 10–35.

FRÜCHTE

Früchte sind ganz besonders wichtige Zutaten in der Dessertküche. Gerade deshalb sollte man auf ihre Qualität großen Wert legen.
Die besten Früchte sind frisch und sonnengereift. Achten Sie beim Kauf von Obst für Desserts auf folgendes:

- Die größten und glänzendsten Früchte sind nicht unbedingt auch die besten. Obst, das nur auf gutes Aussehen hin gezüchtet wurde, ist meistens nicht besonders aromatisch. Lassen Sie sich besser vom Duft leiten. Wenn Früchte süß und frisch riechen, schmecken sie meistens auch so. Im allgemeinen sollte Obst mit Schale, wie beispielsweise Äpfel, Birnen, Pflaumen, Kiwis, Granatäpfel und Mangos, fest – aber nicht hart – sein und eine glatte, unbeschädigte Schale haben.
- Dunkle Stellen an Früchten, besonders bei Pfirsichen und Nektarinen, weisen auf Verfall hin, bei Bananen dagegen auf Reife. Schwarze Flecken auf der Schale von Bananen deuten auf Überreife hin.
- Zitrusfrüchte sollten prall und schwer sein sowie eine feste, unverletzte Schale haben.
- Honigmelonen sollten ebenfalls schwer und fest und ohne weiche oder beschädigte Stellen sein sowie intensiv duften.
- Beeren sollten einheitlich gefärbt sein. Feste Beeren, wie Heidelbeeren, sollten glänzen. Kirschen sollten rundlich sein und eine feste, glänzende Schale besitzen. Ihre Stiele sollten frisch und grün sein. Schalen mit Beeren nach dem Kauf ausleeren und schimmelige oder weiche Früchte aussortieren.
- Früchte, die langsam reifen, wie Orangen und Äpfel, können in einer Schüssel bei Raumtemperatur zum Reifen gelagert werden. Bereits reifes Obst sollte im Kühlschrank gelagert werden, damit der Reifeprozeß nicht weiter fortschreitet. Bananen bilden eine Ausnahme: Sie sollten niemals im Kühlschrank gelagert werden.

GRUNDREZEPTE

In einigen Rezepten in diesem Buch werden Grundteige wie Pâte sucrée (süßer Mürbeteig), Crème pâtissière (Konditorcreme) und Pâte brisée (leicht gesalzener Mürbeteig) verwendet. Hier finden Sie einige Grundrezepte.

MANDEL-KROKANT

50 g abgezogene Mandeln
50 g Zucker

1 Mandeln und Zucker in einen kleinen Topf geben und bei mittlerer Hitze heiß werden lassen, bis der Zucker gebräunt ist und die Mandeln sich zu spalten beginnen.
2 Auf ein geöltes Backpapier legen und abkühlen lassen, bis die Mandeln spröde sind. In einen Gefrierbeutel füllen und mit einem Teigroller so lange darüberrollen, bis die Mandeln fein zerstoßen sind. Mandel-Krokant kann in einem luftdicht verschlossenen Behälter mehrere Wochen gelagert werden.

CRÈME PÂTISSIÈRE

- 300 ml Milch
- 1 Vanilleschote
- 1 Ei
- 1 Eigelb
- 50 g Zucker
- 25 g Weizenmehl

1 Milch und Vanilleschote in einem Topf aufkochen. Von der Kochstelle nehmen und 20–30 Minuten stehen lassen.
2 Ei, Eigelb und Zucker in einer Schüssel schaumig rühren. Mehl zugeben und rühren, bis eine geschmeidige Masse entsteht. Vanilleschote aus der Milch nehmen. Abwaschen, trockentupfen und für ein anderes Rezept beiseite legen.
3 Milch bis kurz vor den Siedepunkt erhitzen. Zur Ei-Mischung gießen und verrühren. In den Topf zurückgießen und bei schwacher Hitze unter ständigem Rühren aufkochen. Wenn sich Klümpchen bilden, so lange schlagen, bis eine cremige Masse entsteht. 2–3 Minuten unter ständigem Rühren köcheln lassen. Abkühlen lassen. Noch am gleichen Tag verwenden.

PÂTE SUCRÉE

Dieser süße Mürbeteig eignet sich gut für Flans und Tarteletts. Er enthält mehr Butter als die meisten anderen Teige, die für diese Teigböden verwendet werden. Am besten lassen Sie die Butter bei Raumtemperatur einige Stunden vor der Verwendung stehen, damit sie weich wird.

- 150 g Weizenmehl
- 2 Eigelb
- 50 g Zucker
- 75 g Butter
- 1–2 Tropfen Vanille-Extrakt

1 Mehl auf ein Brett sieben und eine Mulde hineindrücken. Restliche Zutaten in die Mulde geben.

2 Eigelbe, Zucker, Butter mischen. Mehl nach und nach unterkneten. So lange kneten, bis ein geschmeidiger Teig entsteht. Den Teig zu einer Kugel zusammendrücken.

3 Teig in Klarsichtfolie wickeln und 20–30 Minuten kühl stellen, bis er fest ist.

TIP

Pâte sucrée kann auch schnell in der Küchenmaschine zubereitet werden. Dafür alle Zutaten in die Schüssel geben und auf niedriger Stufe so lange rühren, bis die Zutaten gut gemischt sind. Dann mit den Händen einen geschmeidigen Teig kneten.

PÂTE BRISÉE

Verwenden Sie diesen Teig für Flans oder Tartes mit einer saftigen Füllung. Er ist fester als konventioneller Mürbeteig und bricht deshalb nicht so leicht. Bei der traditionellen französischen Zubereitungsart werden die Zutaten auf einem Brett vermengt. Für einen süßen Teig geben Sie den Zucker hinzu.

- 250 g Weizenmehl
- 75 g Butter (in kleine Stücke geschnitten)
- 1 Ei
- 1 Prise Salz
- 50 g Zucker (nach Wunsch)

1 Mehl in eine Schüssel sieben. Butter mit den Händen einarbeiten, bis eine feinkrümelige Masse entsteht.
2 Ei, Salz, Zucker nach Wunsch und 4–6 Eßlöffel Wasser zu einem geschmeidigen Teig verrühren. Nicht zu lange kneten, da der Teig sonst zäh wird.

3 In Klarsichtfolie wickeln und im Kühlschrank 20–30 Minuten kühl stellen.

TIP

Küchenmaschine oder Mixer wie für Pâte sucrée benutzen.

TEIG AUSROLLEN

1 Teig auf einer leicht bemehlten Arbeitsfläche so schnell und locker wie möglich kneten. Dabei nicht zuviel Mehl in den Teig einarbeiten, denn sonst verändert sich das optimale Teigmischungsverhältnis.
2 Teig mit kräftigen Bewegungen gleichmäßig ausrollen. Ab und zu wenden. In die gewünschte Form bringen. Teig vom Körper weg und nur in eine Richtung rollen.

BLINDBACKEN

Flan- oder Tarteböden werden häufig vor dem Füllen entweder ganz oder teilweise vorgebacken, damit das fertige Gebäck schön knusprig wird. Vorgebackene Böden lassen sich übrigens gut einfrieren.

1 Gefettete oder mit Backpapier ausgelegte Backform mit Teig auslegen und überstehende Ränder abschneiden. Teigboden mit einer Gabel einstechen. Ein großes, rundes Stück Backpapier, das ca. 5 cm größer als die Form sein sollte, in die Form auf den Teigboden legen. Getrocknete Hülsenfrüchte wie Bohnen, Erbsen oder Reis auf das Papier füllen.
2 Den Boden im vorgeheizten Backofen 10–15 Minuten oder wie im Rezept angegeben backen. Papier, Hülsenfrüchte oder Reis vorsichtig entfernen. (Hülsenfrüchte oder Reis aufbewahren und zu einem späteren Zeitpunkt für den gleichen Zweck wiederverwenden). Form wieder in den Ofen stellen und den Teigboden weitere 5 Minuten durchbacken.

SCHOKOLADE

Schokolade ist die Nummer eins unter den süßen Zutaten. Mit ihrem unwiderstehlichen Geschmack und ihrer einzigartigen Konsistenz verfeinert sie süße Speisen – von üppigen Schichttorten bis zu gekochten Puddings, von feinen Mousses und dunklen Eiscremes bis hin zu zarten Törtchen, Obstkuchen und leckeren süßen Soßen. Dieses Kapitel bietet Ihnen eine große Auswahl wunderbarer Desserts mit Schokolade.

GEFÜLLTE BAISERTÖRTCHEN MIT SCHOKOLADENSOSSE

Vorbereitungszeit: ca. 20 Minuten
Backzeit: ca. 2 Stunden
Ofentemperatur: 120 Grad, Gas Stufe 1/2, Umluft 100 Grad

BAISER:
- 2 Eiweiß
- 125 g Zucker
- 1 Eßlöffel Kakaopulver

SCHOKOLADENSOSSE:
- 175 g Zartbitterschokolade (in Stückchen)
- 1 Teelöffel löslicher Bohnenkaffee
- 50 g Zucker

FÜLLUNG:
- 150 g Schlagsahne
- 2 Eßlöffel Weinbrand
- 1 Teelöffel flüssiger Honig

ZUM DEKORIEREN:
- 8 Schokoladenblättchen (siehe Seite 25)
- geriebene Zartbitterschokolade

1 Eiweiße halb steif schlagen. Zucker eßlöffelweise zugeben und die Eiweiße vollkommen steif schlagen, dann das Kakaopulver vorsichtig unterheben.

2 Zwei Backbleche mit Backpapier auslegen. Je 8 Kreise mit ca. 7,5 cm ø und 5 cm ø auf das Papier zeichnen. Ofen auf 120 Grad vorheizen.

3 Die Eiweißmasse in einen Spritzbeutel mit großer Lochtülle füllen und die Kreise auf dem Backpapier vollständig mit der Masse aufspritzen. Baiserkreise im vorgeheizten Ofen ca. 2 Stunden backen. Herausnehmen und auf einem Kuchengitter auskühlen lassen.

4 Für die Schokoladensoße alle Zutaten mit 150 ml Wasser in einen kleinen Topf geben und so lange bei schwacher Hitze erhitzen, bis sich der Zucker aufgelöst hat. Aufkochen und bei mittlerer Hitze ca. 10 Minuten köcheln lassen.

5 Für die Füllung die Sahne mit Weinbrand und Honig steif schlagen. Von der aromatisierten Sahne 3/4 auf den großen Baiserkreisen verteilen. Dann die kleinen Kreise darauf legen.

6 Je ein Törtchen auf einen Teller setzen. Mit der restlichen Füllung, den Schokoladenblättchen und geriebener Schokolade garnieren. Etwas Schokoladensoße um die Törtchen verteilen.

8 PORTIONEN

BIRNE HELENE

Zubereitungszeit: 40–50 Minuten

- 200 g Zucker
- abgeriebene Schale von 1 unbehandelten Orange
- 6 Birnen
- 2 Eßlöffel gehackte Mandeln (geröstet) zum Dekorieren

SCHOKOLADEN-ORANGEN-SOSSE:

- 150 g Zartbitterschokolade (in Stückchen)
- Saft von 1 Orange
- 125 ml Milch
- 100 g Schlagsahne
- 75 g Butter (geschmolzen)
- 2 Eßlöffel Orangenlikör

1 In einem Topf 1 Liter Wasser, Zucker und Orangenschale erhitzen und so lange erwärmen, bis sich der Zucker aufgelöst hat.

2 Birnen schälen, die Stiele dabei am Fruchtfleisch lassen. Die Früchte in den Sirup legen. Topf schließen und die Birnen bei schwacher Hitze 20–30 Minuten garen. Im geschlossenen Topf im Sirup auskühlen lassen.

3 Birnen mit dem Schaumlöffel herausheben. Halbieren, Kerngehäuse entfernen und die Hälften auf 6 Serviertellern verteilen.

4 Für die Schokoladen-Orangen-Soße alle Zutaten, bis auf die Butter und den Orangenlikör, in einen kleinen Topf geben und so lange bei schwacher Hitze erwärmen, bis die Schokolade geschmolzen ist. Aufkochen und ca. 3 Minuten köcheln lassen. Wenn diese Mischung auf eine etwa handwarme Temperatur abgekühlt ist, die Schokolade zur Butter gießen und unterschlagen. Mit dem Orangenlikör aromatisieren.

5 Soße über den Birnen verteilen. Das Dessert mit gehackten Mandeln bestreuen und servieren.

6 PORTIONEN

CRÊPES MIT SCHOKOLADEN-LIKÖR-FÜLLUNG

Zubereitungszeit: ca. 1 Stunde
Ofentemperatur: 200 Grad, Gas Stufe 3–4, Umluft 180 Grad

- 125 g Weizenmehl
- 1 Eßlöffel Kakaopulver
- 1 Eßlöffel brauner Zucker
- 1 Ei
- 300 ml Milch
- 1 Eßlöffel Öl

FÜLLUNG:

- 2 Eßlöffel Speisestärke
- 2 Eßlöffel Zucker
- 150 ml Milch
- 2 Eier (getrennt)
- 50 g Zartbitterschokolade (fein gehackt)
- 2 Eßlöffel Orangenlikör
- abgeriebene Schale von 1 unbehandelten Orange

GLASUR:

- 25 g Butter (geschmolzen)
- Puderzucker zum Bestreuen

SCHOKOLADEN-ORANGEN-SOSSE:

- 150 g Zartbitterschokolade (in Stückchen)
- Saft von 1 Orange
- 125 ml Milch
- 100 g Schlagsahne
- 75 g Butter (geschmolzen, handwarm)
- 2 Eßlöffel Orangenlikör

AUSSERDEM:

- Öl zum Braten
- geraspelte Orangenschale zum Garnieren

1 Mehl und Kakao in eine Schüssel sieben, in der Mitte eine Mulde formen. Zucker und Ei in die Mulde geben. Nach und nach die Hälfte der Milch unter ständigem Rühren zugießen. Öl zufügen und die Masse zu einem geschmeidigen Teig verarbeiten. Restliche Milch einarbeiten und den Teig ca. 30 Minuten stehen lassen.

2 Ein paar Tropfen Öl in einer beschichteten Pfanne (ca. 15 cm ø) erhitzen. 1 Eßlöffel Teig zufügen, die Pfanne schwenken, damit sich der Teig auf dem Pfannenboden gleichmäßig verteilt. Backen, bis die Unterseite des Crêpes gebräunt ist. Wenden und weitere 10 Sekunden backen. Herausnehmen und auf ein Kuchengitter legen. Aus dem restlichen Teig Crêpes backen. Die abgekühlten Crêpes übereinander auf ein Kuchengitter legen.

3 Für die Füllung Speisestärke und Zucker mit etwas Milch verrühren. Restliche Milch aufkochen, angerührte Stärke unter ständigem Rühren zugeben. Etwa 3 Minuten kochen lassen, bis eine dickflüssige Masse entsteht. Von der Kochstelle nehmen. Eigelbe unterrühren. Schokolade zugeben und unter Rühren schmelzen. Likör und Orangenschale ebenfalls zugeben. Eiweiße steif schlagen und unter die Schokoladencreme heben. Ofen auf 200 Grad vorheizen.

4 1 Eßlöffel der Creme auf jedem Crêpe verteilen. Crêpes zweimal zu Dreiecken falten. Nebeneinander auf ein gefettetes Blech legen. Mit Butter bestreichen, mit Puderzucker bestreuen. Im Ofen 10–15 Minuten backen.

5 Für die Soße alle Zutaten, bis auf Butter und Likör, in einen Topf geben. Bei schwacher Hitze die Schokolade schmelzen. Aufkochen, ca. 3 Minuten köcheln lassen. Auf handwarme Temperatur abkühlen lassen, dann zur Butter gießen und unterschlagen. Mit Orangenlikör aromatisieren. Crêpes auf einem Teller anrichten, etwas warme Schokoladensoße darübergießen, mit Orangenschale garnieren. Restliche Soße separat dazu servieren.

6–8 PORTIONEN

TRÜFFELTORTE MIT WEISSER UND DUNKLER SCHOKOLADE

Zubereitungszeit: ca. 1 Stunde 30 Minuten
Ofentemperatur: 190 Grad, Gas Stufe 3, Umluft 170 Grad

- 2 Eier
- 50 g Zucker
- 3 Eßlöffel Speisestärke
- 2 Eßlöffel Kakaopulver
- 2 Eßlöffel starker, schwarzer Kaffee (erkaltet)
- 1 Eßlöffel Whisky

AUSSERDEM:

- Fett für die Form

DUNKLE SCHICHTEN:

- 400 g Zartbitterschokolade
- 500 g Schlagsahne

WEISSE SCHICHT:

- 200 g weiße Schokolade
- 300 g Schlagsahne

ZUM DEKORIEREN:

- gezuckerte Rosenblätter (siehe Seite 72)

1 Eine Springform (24 cm ø) fetten. Den Ofen auf 190 Grad vorheizen.

2 Eier und Zucker in einer großen Schüssel im heißen Wasserbad 5–7 Minuten mit dem Schneebesen schlagen, bis eine helle Creme entstanden ist. Vom Herd nehmen.

3 Stärke und Kakaopulver in eine Schüssel sieben und gleichmäßig unter die Eimischung rühren, bis keine Streifen mehr zu sehen sind. Die Masse in die vorbereitete Springform füllen und glatt streichen.

4 Im vorgeheizten Backofen ca. 7 Minuten backen, bis der Teig aufgegangen ist. Zirka 10 Minuten in der Springform auskühlen lassen. Den Kuchen aus der Form lösen und auf einem Kuchengitter vollständig auskühlen lassen. Springform spülen und gut abtrocknen. Den abgekühlten Tortenboden zurück in die gereinigte Form legen. Kaffee und Whisky mischen und gleichmäßig darübergießen.

5 Für die erste dunkle Schicht die Hälfte der Zartbitterschokolade in einer Schüssel im Wasserbad schmelzen. Schokolade etwas abkühlen lassen. Die Hälfte der Schlagsahne steif schlagen und unter die Schokolade heben, bis eine cremige Masse entsteht. Auf dem Teig in der Form verstreichen. Die Springform ein- oder zweimal auf die Arbeitsfläche stoßen, damit alle Luftblasen entweichen. Abdecken und in den Kühlschrank stellen.

6 Für die weiße Schicht die weiße Schokolade in einer Schüssel im Wasserbad schmelzen. Vom Herd nehmen und etwas abkühlen lassen. Schlagsahne steif schlagen und unter die abgekühlte weiße Schokolade heben. Die weiße Schokoladenschicht auf der dunklen verteilen. Die Springform wieder ein- oder zweimal auf die Arbeitsfläche stoßen. Abdecken und kühl stellen.

7 Für die zweite dunkle Schicht die restlichen Zutaten wie in Schritt 5 beschrieben verarbeiten und auf der weißen Schokoladenschicht verteilen. Die Springform auf die Arbeitsfläche stoßen. Oberfläche glatt streichen. Die Torte abdecken und für einige Stunden kühl stellen, bis die Masse fest ist.

8 Zum Servieren den Rand der Springform entfernen. Die Torte auf einer Tortenplatte anrichten und mit gezuckerten Rosenblättern bestreuen.

12 STÜCKE

SCHOKOLADENEIS

Zubereitungszeit: ca. 40 Minuten, plus Kühlzeit

- 100 g Zartbitterschokolade (in Stückchen)
- 300 ml Milch
- 3 Eigelb
- 75 g Zucker
- 300 g Schlagsahne (halb steif geschlagen)
- 50 g Zartbitterschokolade (gehackt)
- Eiswaffeln zum Dekorieren

1 Schokolade und Milch in einem Topf bei schwacher Hitze so lange erhitzen und rühren, bis die Schokolade geschmolzen und eine cremige Masse entstanden ist.

2 Eigelbe und Zucker in einer Schüssel mit dem elektrischen Handrührgerät zu einer hellen Creme schlagen. Schokoladenmilch nach und nach unter Rühren zugeben. Mischung zurück in den Topf füllen und bei schwacher Hitze rühren, bis sie dickflüssig ist.

3 In eine Schüssel gießen und entweder im Kühlschrank oder über einer Schüssel mit Eiswürfeln unter Rühren abkühlen lassen. Halb steife Schlagsahne unterheben.

4 Bei Verwendung einer Eismaschine die Mischung in die Maschine füllen. Gehackte Schokolade zugeben und Eiscreme nach Anweisungen des Herstellers zubereiten.

5 Bei Verwendung eines Tiefkühlgeräts die Mischung in eine Metallschüssel füllen. Masse so lange gefrieren, bis sie an den Rändern fest wird. Herausnehmen, die gehackte Schokolade zugeben. Alles mit dem Schneebesen cremig schlagen. Erneut 30 Minuten gefrieren. Herausnehmen und nochmals durchrühren. Weitere 30 Minuten gefrieren. Vorgang so oft wiederholen, bis das Eis fast gefroren ist. Dann bis zur gewünschten Konsistenz kühlen. Die Eiscreme mit Eiswaffeln dekoriert servieren.

6-8 PORTIONEN

PROFITEROLES

Zubereitungszeit: ca. 1 Stunde
Ofentemperatur: 220 Grad, Gas Stufe 4–5, Umluft 200 Grad

BRANDTEIG:
- 60 g Butter oder Margarine
- 100 g Weizenmehl
- 1 Msp. Salz
- 1/2 Teelöffel Zucker
- 2-3 Eier (je nach Größe)

FÜLLUNG:
- 200 g Schlagsahne (steif geschlagen)

SCHOKOLADENSOSSE:
- 175 g Zartbitterschokolade (in Stückchen)
- 1 Teelöffel löslicher Bohnenkaffee
- 50 g Zucker

1 Den Ofen auf 220 Grad vorheizen. Butter oder Margarine in einem großen Topf schmelzen, 125 ml Wasser zugießen und aufkochen. Das Mehl mit Salz und Zucker auf einmal hineinschütten und so lange bei sehr schwacher Hitze verrühren, bis sich der Teig als Kloß vom Boden des Kochtopfs löst. Etwas abkühlen lassen. Dann die Eier einzeln unter kräftigem Rühren zufügen. Den Teig in einen Spritzbeutel mit einer 1 cm großen Lochtülle füllen und auf ein mit Wasser benetztes Backblech walnußgroße Teighäufchen spritzen.

2 Im vorgeheizten Ofen ca. 10 Minuten backen. Die Hitze auf 190 Grad reduzieren und weitere 20–25 Minuten backen, bis der Teig goldbraun ist. Herausnehmen und jedes Profiterole mit einer Küchenschere aufschneiden. Auf ein Kuchengitter legen und auskühlen lassen.

3 Schlagsahne in einen Spritzbeutel füllen und in jedes Profiterole etwas Sahne spritzen.

4 Für die Schokoladensoße alle Zutaten und 150 ml Wasser in einem kleinen Topf unter Rühren bei schwacher Hitze erhitzen, bis sich der Zucker aufgelöst hat. Die Soße aufkochen und ca. 10 Minuten köcheln lassen.

5 Profiteroles auf einem Servierteller in Form einer Pyramide stapeln. Die kalte Schokoladensoße kurz vor dem Servieren darüber gießen.

4-6 PORTIONEN

SCHOKOLADEN-BISKUITROLLE

Vorbereitungszeit: ca. 30 Minuten, plus Kühlzeit
Backzeit: 25–30 Minuten
Ofentemperatur: 180 Grad, Gas Stufe 2–3, Umluft 160 Grad

- 150 g Zartbitterschokolade (in Stückchen)
- 4 Eier (getrennt)
- 150 g Zucker

FÜLLUNG:

- 300 g Schlagsahne (steif geschlagen)

AUSSERDEM:

- Puderzucker zum Bestäuben
- Schokoladenblätter (siehe Seite 25)

1 Die Schokolade in 3 Eßlöffeln Wasser in einem Topf bei schwacher Hitze unter Rühren schmelzen.

2 Eigelbe und die Hälfte des Zuckers in einer Schüssel mit dem Schneebesen schlagen, bis eine dickflüssige, cremige Masse entsteht. Die warme Schokolade unter die Eigelbmasse rühren. Ofen auf 180 Grad vorheizen.

3 Eiweiße mit dem Handrührgerät steif schlagen, dabei den restlichen Zucker einrieseln lassen. Eischnee unter die Schokoladenmischung heben.

4 Den Teig auf die Hälfte eines mit Backpapier ausgelegten Backblechs streichen und im vorgeheizten Ofen 25–30 Minuten backen. Biskuit aus dem Ofen nehmen und ca. 5 Minuten abkühlen lassen. Mit einem feuchten Küchentuch bedecken und über Nacht kühl stellen.

5 Am nächsten Tag das Tuch abnehmen und die Schokoladenplatte mit der Oberseite auf ein mit reichlich Puderzucker bestreutes Küchentuch stürzen. Das Backpapier von der Unterseite abziehen.

6 Drei Viertel der sehr steif geschlagenen Sahne gleichmäßig auf dem Teig verteilen und die Teigplatte mit Hilfe des Tuchs vorsichtig aufrollen. Biskuitrolle auf eine lange Kuchenplatte legen, die restliche Sahne im Zickzackmuster auf die Rolle spritzen und mit Rosenblättern aus Schokolade dekorieren.

8 STÜCKE

SCHOKOLADENKUCHEN MIT ZUCKERGUSS

Vorbereitungszeit: ca. 20 Minuten
Backzeit: ca. 1 Stunde
Zeit zum Fertigstellen: ca. 40 Minuten
Ofentemperatur: 180 Grad, Gas Stufe 3, Umluft 160 Grad

- 75 g Zartbitterschokolade (in Stückchen)
- 175 ml starker, schwarzer Kaffee
- 175 g weiche Butter
- 250 g brauner Zucker
- 50 g Vanillezucker
- 3 Eier
- 300 g Weizenmehl
- 1 1/2 Teelöffel Natron
- 200 g saure Sahne

ZUCKERGUSS:

- 500 g Zucker
- 2 Eiweiß (steif geschlagen)

AUSSERDEM:

- Mehl und Fett für die Form

1 Eine Springform (20 cm ø) ausfetten und bemehlen. Schokolade und Kaffee unter ständigem Rühren in einem Topf bei schwacher Hitze erhitzen, bis eine geschmeidige Schokoladencreme entsteht. Abkühlen lassen. Ofen auf 180 Grad vorheizen.

2 Butter mit braunem Zucker und Vanillezucker in einer Schüssel mit dem elektrischen Handrührgerät schaumig schlagen. Die Eier einzeln unter die Buttercreme rühren. Die abgekühlte Schokoladenmasse untermischen. Mehl und Natron mischen. Mehlmischung und saure Sahne eßlöffelweise und gründlich unter die Schokoladenmischung rühren.

3 Teig in die vorbereitete Form geben und im vorgeheizten Ofen ca. 1 Stunde backen. Wenn kein Teig mehr an einem Holzstäbchen hängenbleibt, ist er fertig. Aus dem Ofen nehmen, die Form ca. 5 Minuten zum Auskühlen auf ein Kuchengitter stellen. Den Schokoladenkuchen auf das Kuchengitter stürzen und vollständig auskühlen lassen. Dann quer in 3 gleich dicke Böden schneiden.

4 Für den Zuckerguß Zucker und 300 ml Wasser in einem Topf bei mittlerer Hitze unter ständigem Rühren erhitzen, bis sich der Zucker aufgelöst hat. Zuckerkristalle, die sich an den Topfseiten gebildet haben, mit einem in kaltes Wasser getauchten Backpinsel abbürsten. Bei starker Hitze aufkochen. So lange köcheln, bis sich aus der Mischung weiche Kügelchen formen lassen. Zum Test etwas Sirup in ein Glas mit Eiswasser geben. Es sollten sich weiche, klebrige Kügelchen bilden. Den Topf vom Herd nehmen und die Unterseite des Topfes in kaltes Wasser tauchen, damit der Sirup nicht weiterkocht.

5 Sirup nach und nach mit dem Schneebesen unter den Eiweißschnee schlagen. So lange schlagen, bis der Zuckerguß etwas fest wird und seinen Glanz verliert. Ein wenig vom Zuckerguß sofort auf einen Schokoladenboden streichen, mit einem weiteren bedecken. Diesen ebenfalls mit Guß bestreichen und den dritten Boden darauf legen. Den Schokoladenkuchen auf der Oberfläche und an den Seiten mit dem übrigen Zuckerguß bedecken und servieren.

8-10 STÜCKE

SCHOKOLADEN-DEKORATIONEN

Schokolade steht ganz oben auf der Hitliste der süßen Nahrungsmittel. Zartbitterschokolade eignet sich am besten für Dekorationen. Wählen Sie dafür eine Sorte mit einem hohen Kakaoanteil – am besten um die 70 Prozent. Die Schokolade in Stücke brechen und im Wasserbad bei schwacher Hitze so lange erhitzen, bis sie geschmolzen ist.

Schokoladenlocken: Geschmolzene Schokolade dünn auf eine Marmorplatte streichen. Die Schokolade etwas erkalten, aber nicht hart werden lassen. Mit einem Spatel die Schokolade dünn von der Fläche schaben. Spatel dabei schräg ansetzen.

In Schokolade getauchte Mandeln, Haselnuß- und Paranußkerne: Nußkerne auf Zahnstocher spießen und in geschmolzene Schokolade tauchen. Die Nußkerne dabei ganz oder zur Hälfte eintauchen. Mit den Zahnstochern vorsichtig auf den Topfrand klopfen, damit überschüssige Schokolade abtropft. Schokoladennüsse auf Backpapier legen und trocknen.

Geraspelte Schokolade: Ein Stück Schokolade für ca. 20 Minuten kühl stellen. Dann die Schokolade auf einer Küchenreibe oder dem Raspelaufsatz der Küchenmaschine zerkleinern.

Schokoladenformen: Geschmolzene Schokolade auf Backpapier oder Alufolie streichen. Kurz vor dem Erstarren der Schokolade mit einem angewärmten Messer Formen ausschneiden.

Schokoladenspäne: Schokolade kühl stellen und mit einem Sparschäler feine Späne abschaben.

Schokoladenornamente: Aus Pergamentpapier eine Spritztüte formen. Geschmolzene Schokolade hineinfüllen. Schokolade etwas abkühlen lassen, das Ende der Spritztüte abschneiden und auf Backpapier Formen spritzen. Abkühlen, das Papier abziehen.

In Schokolade getauchte Erdbeeren werden wie in Schokolade getauchte Nüsse hergestellt.

In Schokolade getauchte Kap-Stachelbeeren gelingen ebenso wie Weintrauben, Orangenfilets und Ananasstücke.

Schokoladenblätter: Frische, kräftige Rosenblätter waschen und trocknen. Die Unterseiten der Blätter mit einem Pinsel mit der geschmolzenen Schokolade bestreichen. Dabei den Pinsel von innen nach außen ziehen. Die Schokolade völlig erstarren lassen. Dann das Rosenblatt vorsichtig von der Schokolade trennen.

SCHOKOLADENMOUSSE

Zubereitungszeit: ca. 30 Minuten

- 4 Eier (getrennt)
- 125 g Zucker
- 125 g Zartbitterschokolade (in Stückchen)
- 300 g Schlagsahne

ZUM DEKORIEREN:
- 100 g Schlagsahne (steif geschlagen)
- geraspelte Schokolade

1 Die Eigelbe und den Zucker in eine Schüssel geben und mit dem elektrischen Handrührgerät zu einer dicken Creme schlagen.

2 Die Schokolade mit 3 Eßlöffeln Wasser in einer Schüssel im Wasserbad schmelzen. Dann vom Herd nehmen, etwas abkühlen lassen. Mit dem Schneebesen unter die Eigelbcreme schlagen.

3 Die Schlagsahne mit dem Handrührgerät halb steif schlagen und unter die Schokoladencreme heben.

4 Eiweiße mit dem Handrührgerät steif schlagen. Zuerst 1 Eßlöffel davon unter die Mousse heben. Dann den Rest vorsichtig unterziehen. Die Mousse in 4–6 Dessertschälchen füllen und kühl stellen, bis sie fest wird.

5 Vor dem Servieren auf jede Portion etwas geschlagene Sahne geben und mit Schokoladenraspeln bestreuen.

4-6 PORTIONEN

VARIATION

SCHOKOLADEN-ORANGEN-MOUSSE

Eigelb und Zucker wie in Schritt 1 beschrieben cremig schlagen. Darunter die abgeriebene Schale von 1 unbehandelten Orange und 1 Eßlöffel Orangenlikör rühren. Mousse wie oben beschrieben fertigstellen.

SCHOKOLADENFONDUE

Zubereitungszeit: ca. 10 Minuten

- 100 g Vollmilchschokolade
- 50 g Zartbitterschokolade
- 2 Eßlöffel Schlagsahne
- 1 Eßlöffel Rum

ZUM SERVIEREN:
- verschiedene Früchte (z.B. Erdbeeren, Himbeeren, Kirschen, Bananenscheiben)
- Löffelbiskuits oder andere Kekse

1 Schokolade in Stücke brechen und mit der Sahne in eine hitzebeständige Schüssel geben. Schokolade im Wasserbad so lange verrühren, bis sie geschmolzen ist. Rum zugeben und 1 weitere Minute unter Rühren erhitzen.

2 Die Schokoladensoße in eine vorgewärmte, hitzebeständige Schüssel füllen. Sofort mit einer Auswahl an Früchten und Löffelbiskuits zum Eintauchen servieren. Holzstäbchen zum Aufspießen der Früchte dazu reichen.

4 PORTIONEN

ECHTER SCHOKOLADENPUDDING

Zubereitungszeit: ca. 2 Stunden

- 125 g weiche Butter
- 125 g Zucker
- 2 Eier
- 150 g Weizenmehl
- ½ Teelöffel Backpulver
- 20 g Kakaopulver
- 2 Teelöffel Milch

SCHOKOLADENSOSSE:

- 25 g Butter
- 125 g Zartbitterschokolade (in Stückchen)
- 2 Eßlöffel Schlagsahne

1 Eine hitzebeständige Puddingform (1 Liter) fetten. Butter und Zucker in einer Schüssel schaumig schlagen. Eier nach und nach unterrühren. Mehl mit Backpulver mischen und gründlich unter die Butter-Ei-Creme rühren. Kakaopulver in der Milch auflösen und zugeben.

2 Teig in die Puddingform füllen und locker mit einem Stück Alufolie bedecken. Einen großen Topf zu ⅔ mit heißem Wasser füllen, Form hineinstellen und den Topf schließen. Pudding ca. 1½ Stunden bei schwacher Hitze dämpfen. Falls nötig, heißes Wasser nachfüllen.

3 Während der Pudding gart, die Schokoladensoße zubereiten. Dafür Butter und Schokolade in einem Topf im Wasserbad schmelzen. Sahne unterrühren. Die Soße bis zum Servieren bei schwacher Hitze warm halten.

4 Die Puddingform aus dem Wasserbad nehmen und den Schokoladenpudding zum Servieren auf einen vorgewärmten, großen Teller stürzen. Etwas von der heißen Schokoladensoße darübergießen, die restliche Soße dazu reichen.

4-6 PORTIONEN

VARIATION

MOKKASOSSE

Anstelle der Schokoladensoße können Sie eine Mokkasoße zum Pudding servieren. Dafür 25 g Butter bei schwacher Hitze schmelzen und 25 g Weizenmehl zugeben. Alles ca. 2 Minuten unter ständigem Rühren kochen. Dann 600 ml Milch zugießen und aufkochen. Bei schwacher Hitze 50 g Zucker, je 1 Eßlöffel Kakaopulver und lösliches Kaffeepulver unterrühren. So lange kochen, bis sich alle Zutaten aufgelöst haben. Die Soße heiß servieren.

BROWNIES MIT WEISSER UND DUNKLER SCHOKOLADE

Vorbereitungszeit: ca. 20 Minuten, plus Kühlzeit
Backzeit: ca. 35 Minuten
Ofentemperatur: 190 Grad, Gas Stufe 3, Umluft 170 Grad

- 375 g weiße Schokolade
- 50 g Butter
- 250 g Zartbitterschokolade
- 3 Eier
- 150 g Zucker
- 175 g Weizenmehl
- 1/2 Teelöffel Backpulver
- 1 Tropfen Bittermandelaroma
- 150 g Walnußkerne (grob gehackt)

1 Eine flache ofenfeste Form oder ein kleines Backblech (ca. 28 x 20 cm) mit Backpapier auslegen. Von der weißen Schokolade 125 g in Stücke brechen und mit der Butter in einer hitzebeständigen Schüssel im Wasserbad schmelzen und kurz verrühren.

2 Die restliche weiße Schokolade und die Zartbitterschokolade grob hacken. Den Ofen auf 190 Grad vorheizen.

3 Eier und Zucker in einer großen Schüssel mit dem Schneebesen schaumig schlagen. Geschmolzene Schokoladenmasse unterrühren. Mehl und Backpulver dazu sieben und mit Bittermandelaroma, Nüssen und gehackter Schokolade unterrühren.

4 Teig in die vorbereitete Form füllen und im vorgeheizten Ofen 35 Minuten backen, bis er aufgegangen ist und bei der Stäbchenprobe kein Teig mehr haften bleibt. Die Form aus dem Ofen nehmen, auf ein Kuchengitter stellen und die Teigplatte in der Form auskühlen lassen.

5 Teigplatte auf ein Brett stürzen und in Quadrate oder Rechtecke schneiden.

14-16 STÜCK

BANANEN MIT SCHOKOLADEN-KARAMEL-SOSSE

Zubereitungszeit: ca. 30 Minuten
Ofentemperatur: 180 Grad, Gas Stufe 2–3, Umluft 160 Grad

- 4 feste Bananen mit Schale
- 1 Eßlöffel Zitronensaft

SOSSE:

- 100 g Schlagsahne
- 125 g Zartbitterschokolade (in Stückchen)
- 25 g Butter
- 125 ml Ahornsirup

AUSSERDEM:

- leicht geschlagene Schlagsahne oder Vanilleeis
- geraspelte Schokolade zum Dekorieren

1 Ofen auf 180 Grad vorheizen. Bananen in eine flache ofenfeste Form legen. Die Schalen rundum mit Zitronensaft bepinseln. Im vorgeheizten Ofen ca. 20 Minuten backen, bis die Schalen dunkel und weich werden.

2 In der Zwischenzeit für die Soße alle Zutaten in einen kleinen Topf geben. Unter ständigem Rühren bei schwacher Hitze erhitzen, bis die Schokolade geschmolzen ist. Aufkochen und ca. 2 Minuten köcheln lassen, bis die Soße andickt.

3 Bananen auf vorgewärmten Tellern anrichten. Der Länge nach so aufschneiden, daß das Fruchtfleisch sichtbar wird. Etwas Sahne oder Vanilleeis darübergeben. Mit Schokoladenraspeln garnieren und mit der heißen Fudge-Soße servieren.

4 PORTIONEN

SCHOKOLADEN-KARAMEL-TORTE

Vorbereitungszeit: ca. 20 Minuten
Backzeit: 1 1/4 – 1 1/2 Stunden
Zeit zum Fertigstellen: 25 Minuten
Ofentemperatur: 160 Grad, Gas Stufe 1–2, Umluft 140 Grad

TEIG:
- 250 ml Milch
- 1 Eßlöffel Zitronensaft
- 125 g Zartbitterschokolade (in Stückchen)
- 125 g Butter oder Margarine
- 250 g Zucker
- 2 Eier
- 300 g Weizenmehl
- 1/2 Teelöffel Backpulver
- 1 Teelöffel Natron
- 2 Eßlöffel Kakaopulver

FÜLLUNG:
- 150 g Schlagsahne
- 1 Portion Mandel-Krokant (siehe Seite 7)

GLASUR:
- 250 g Zartbitterschokolade (in Stückchen)
- 125 g Butter
- 200 g Puderzucker
- 5 Eßlöffel Milch

AUSSERDEM:
- Schokoladenlocken (siehe Seite 24)
- Puderzucker

1 Eine Springform (20 cm ø) ausfetten. Milch und Zitronensaft mischen. Die Schokolade in einer Schüssel im Wasserbad schmelzen lassen.

2 Butter oder Margarine und Zucker in einer großen Schüssel schaumig schlagen. Eier unterrühren. Mehl, Backpulver, Natron und Kakaopulver in die Schüssel sieben und gut mischen. Ofen auf 160 Grad vorheizen.

3 Die Hälfte der Milch-Zitronensaft-Mischung zum Teig geben und unterrühren. Dann geschmolzene Schokolade und die restliche Milch-Zitronensaft-Mischung zugeben und alles cremig rühren. Den Teig in die vorbereitete Form füllen und die Oberfläche dabei glatt streichen.

4 Den Kuchen im vorgeheizten Backofen 1 1/4 – 1 1/2 Stunden backen, bis er aufgegangen ist und bei der Stäbchenprobe kein Teig mehr haften bleibt. Den Kuchen aus dem Ofen nehmen und in der Form abkühlen lassen.

5 Den Kuchen am besten mit Hilfe eines Fadens in 3 gleich dicke Böden teilen. Für die Füllung die Schlagsahne leicht schlagen und den Mandel-Krokant unterrühren. Die Böden mit der Füllung bestreichen und zu einer Torte zusammensetzen.

6 Für die Glasur Schokolade und Butter in einer hitzebeständigen Schüssel im Wasserbad schmelzen, umrühren und vom Herd nehmen. Puderzucker und Milch so lange unterrühren, bis eine geschmeidige Creme entsteht. Auskühlen lassen, bis die Glasur etwas fest wird.

7 Die Glasur mit einem großen, breiten Messer oder einer Palette auf der Torte verteilen. Mit Schokoladenlocken belegen und mit Puderzucker bestreuen.

8–10 STÜCKE

SCHOKOLADENTARTE

Vorbereitungszeit: ca. 20 Minuten, plus Kühlzeit
Backzeit: ca. 20 Minuten
Zeit zum Fertigstellen: ca. 30 Minuten, plus Kühlzeit
Ofentemperatur: 200 Grad, Gas Stufe 3–4, Umluft 180 Grad

Zitrus-Mürbeteig:
- 250 g Weizenmehl
- 125 g Butter
- 2 Eßlöffel Zucker
- je 1 Eßlöffel abgeriebene Schale von je 1 unbehandelten Orange und Zitrone

Füllung:
- 250 g Schlagsahne
- 300 g Zartbitterschokolade
- 3 Eßlöffel Espresso
- 4 Eßlöffel Weinbrand

Ausserdem:
- Fett für die Form
- Hülsenfrüchte zum Blindbacken
- geraspelte weiße und dunkle Schokolade (siehe Seite 25)
- geschlagene Schlagsahne

1 Für den Teig das Mehl in eine Schüssel sieben und die Butter in kleinen Stücken zugeben. Mehl und Butter mit den Händen verkneten. Zucker, Orangen- und Zitronenschale zufügen. So viel Eiswasser zugeben, daß ein geschmeidiger Teig entsteht. Zur Kugel formen und in Folie gewickelt mindestens 30 Minuten kühl stellen.

2 Den Ofen auf 200 Grad vorheizen. Eine Backform (ca. 20x20 cm) oder eine Springform (22 cm ø) fetten. Teig auf einer leicht bemehlten Arbeitsfläche quadratisch oder rund ausrollen. Teig in die Form geben. Butterbrotpapier oder Alufolie darauflegen und getrocknete Hülsenfrüchte auf den Boden geben.

3 Im vorgeheizten Ofen ca. 10 Minuten blindbacken (siehe Seite 9). Hülsenfrüchte und Papier oder Folie entfernen und den Teig weitere 10 Minuten backen, bis er goldbraun und durchgebacken ist. Abkühlen lassen.

4 Für die Füllung die Sahne in einen Topf gießen und aufkochen. Schokolade zugeben und rühren, bis eine geschmeidige Masse entsteht. Den Topf vom Herd nehmen. Espresso und Weinbrand unter die Schokoladencreme rühren. Die Creme etwas abkühlen lassen.

5 Die Füllung auf den Teig in die Form gießen und die Tarte kalt stellen, bis die Schokolade völlig erkaltet ist. Tarte mit Schokoladenraspeln garnieren, in Stücke schneiden und mit etwas geschlagener Sahne servieren.

8–10 STÜCKE

GEFÜLLTE MÜRBETEIGTÖRTCHEN

Vorbereitungszeit: ca. 25 Minuten, plus Kühlzeit
Backzeit: ca. 35 Minuten
Ofentemperatur: 200 Grad, Gas Stufe 3–4, Umluft 180 Grad

MÜRBETEIG:
- 250 g Weizenmehl
- 125 g Butter
- 2 Eßlöffel Zucker

FÜLLUNG:
- 75 g Butter
- 125 g Zartbitterschokolade
- 90 g Zucker
- 2 Eier
- 75 g Weizenmehl

AUSSERDEM:
- Fett für die Förmchen
- Hülsenfrüchte zum Blindbacken
- Heidelbeeren zum Dekorieren
- steif geschlagene Schlagsahne zum Servieren

1 Für den Teig Mehl in eine Schüssel sieben. Butter in Stückchen zugeben. Mehl und Butter verkneten. Zucker und so viel Eiswasser zufügen, daß ein geschmeidiger Teig entsteht. Zur Kugel formen und in Folie gewickelt 30 Minuten kühl stellen.

2 Ofen auf 200 Grad vorheizen. Teig auf einer bemehlten Arbeitsfläche ausrollen und 4 gefettete Tartelettförmchen (10–12 cm ø) auslegen. Pergamentpapier darauf legen. Mit Hülsenfrüchten beschweren. Im Ofen 10 Minuten blindbacken (siehe Seite 9). Hülsenfrüchte und Papier entfernen. Böden weitere 5 Minuten backen.

3 Für die Füllung Butter und Schokolade bei schwacher Hitze schmelzen. Zucker, Eier und Mehl unterrühren. Auf den Törtchenböden verteilen und die Törtchen bei 180 Grad ca. 20 Minuten backen, bis bei der Stäbchenprobe keine Füllung mehr am Holzstäbchen haftet. Törtchen warm oder kalt mit Heidelbeeren und Sahne servieren.

4 TÖRTCHEN

LIEBLINGS-DESSERTS

Suchen Sie ein besonders attraktives Dessert? Dann werden Sie in diesem Kapitel sicherlich fündig. Sie können zwischen warmen Süßspeisen für den Winter, wie Honigpudding, oder herrlichen Sommerdesserts, wie Sahnespeisen mit Früchten, sowie Kuchen mit Limettenfüllung und Baiser auswählen. Wenn Sie lieber einen echten Klassiker zubereiten möchten, probieren Sie doch den französischen Käsekuchen oder das beliebte italienische Tiramisu aus.

RHABARBERSAHNE

Zubereitungszeit: ca. 20 Minuten

- 1 kg Rhabarber
- 150 g brauner Zucker
- fein abgeriebene Schale von 1 kleinen unbehandelten Orange
- 300 g Schlagsahne (halb steif geschlagen)
- 2 Teelöffel Anisschnaps (nach Wunsch)

AUSSERDEM:

- etwas fein gehackter kandierter Ingwer

1 Rhabarber waschen und putzen. Stangen in ca. 5 cm lange Stücke schneiden. In einem Topf mit Zucker, Orangenschale und etwas Wasser ca. 5 Minuten kochen, bis die Früchte weich sind.

2 Wasser abgießen. Rhabarber pürieren oder nach Belieben auch ganz lassen. Abkühlen lassen.

3 Sahne und nach Wunsch Anisschnaps so unter die Früchte ziehen, daß die Creme eine marmorartige Struktur erhält. Rhabarbersahne in eine Glasschale füllen und mit gehacktem kandiertem Ingwer garnieren.

4 PORTIONEN

VARIATION

LEICHTE RHABARBERSAHNE

Für ein kalorienärmeres Dessert den Rhabarber wie beschrieben kochen und mit saurer Sahne oder griechischem Joghurt mischen. Mit etwas braunem Zucker bestreuen und servieren.

MANGOCREME

Zubereitungszeit: ca. 40 Minuten

- 6 Mangos
- 125 g Zucker
- Saft von 1/2 Limette
- 1 Ei
- 150 ml Milch
- 150 g Crème double

1 Mangos schälen. Fruchtfleisch vom Stein lösen und in kleine Stückchen schneiden. Mit Zucker, Limettensaft und 150 ml Wasser in einem Topf bei schwacher Hitze kochen, bis das Fruchtfleisch weich ist.

2 Gekochtes Mangofruchtfleisch durch ein Sieb in eine Schüssel streichen. Mit einem Schneebesen cremig aufschlagen. Zudecken und zum Abkühlen beiseite stellen.

3 Das Ei in eine Schüssel schlagen und verrühren. Die Milch in einem Topf bis zum Siedepunkt erhitzen. Unter Rühren zum Ei in die Schüssel geben. Wieder in den Topf gießen und bei sehr schwacher Hitze so lange rühren, bis sie bindet. Nicht aufkochen lassen.

4 Ei-Milch vom Herd nehmen und abkühlen lassen. Mangopüree und Crème double so unterziehen, daß dabei eine Marmorstruktur entsteht. Mangocreme in Gläser oder Schalen füllen und gekühlt servieren.

6 PORTIONEN

TIRAMISU

Zubereitungszeit: ca. 20 Minuten, plus Kühlzeit

- 2 Eigelb
- 2 Eßlöffel Zucker
- ein paar Tropfen Vanille-Extrakt
- 250 g Mascarpone
- 175 ml starker, schwarzer Kaffee
- 2 Eßlöffel Marsala
- 1 Eßlöffel Brandy
- 150 g Löffelbiskuits
- 1 Eßlöffel Kakaopulver
- 2 Eßlöffel geraspelte Zartbitterschokolade

1 Eigelbe und Zucker cremig rühren. Vanille und Mascarpone zugeben und gründlich untermischen.

2 Kaffee, Marsala und Brandy mischen und die Löffelbiskuits kurz darin tränken, so daß sie den Geschmack aufnehmen, aber nicht zerfallen.

3 Den Boden einer hohen Glasschüssel oder die Böden von 6 Dessertschalen mit der Hälfte der getränkten Löffelbiskuits auslegen. Die Hälfte der Mascarponecreme darauf verteilen.

4 Die restlichen Löffelbiskuits und die restliche Mascarponecreme darauf schichten und das Tiramisu im Kühlschrank 3–4 Stunden durchziehen lassen. Mit Kakaopulver und Schokoladenraspeln garnieren und servieren. Der Geschmack wird intensiver, wenn das Tiramisu über Nacht kühl gestellt wird.

6 PORTIONEN

LIMETTEN-PIE

Vorbereitungszeit: ca. 15 Minuten, plus Kühlzeit
Backzeit: ca. 45 Minuten
Ofentemperatur: 200 Grad, Gas Stufe 3–4, Umluft 180 Grad

TEIG:
- siehe Birnentarte, Seite 58
- Hülsenfrüchte

FÜLLUNG:
- abgeriebene Schale und Saft von 3 Limetten
- 175 g Zucker
- 3 Eier (verschlagen)
- 250 g Butter (in Stückchen)

BAISER:
- 3 Eiweiß
- 75 g Zucker

1 Den Ofen auf 200 Grad vorheizen. Den Teig wie auf Seite 58 beschrieben zubereiten und eine gefettete Obsttortenform (22 cm ø) oder eine Tarteform damit auslegen. Teig mit einer Gabel einstechen. Kuchenboden im vorgeheizten Ofen ca. 10 Minuten blindbacken (siehe Seite 9). Form aus dem Ofen nehmen, etwas abkühlen lassen und den Kuchenboden aus der Form lösen. Dann auf ein Kuchengitter stellen. Temperatur auf 190 Grad reduzieren.

2 Für die Füllung abgeriebene Schale und Saft von den Limetten, Zucker und Eier in einen Topf geben. Bei sehr schwacher Hitze unter ständigem Rühren erhitzen.

3 Butter stückchenweise zur Limettenmischung geben. Bei schwacher Hitze rühren, bis die Butter schmilzt.

4 Limettenbutter in die Form füllen und den Kuchen im vorgeheizten Ofen auf mittlerer Schiene ca. 10 Minuten backen, bis die Füllung fest ist. Aus dem Ofen nehmen und abkühlen lassen. Ofen eingeschaltet lassen.

5 Für das Baiser Eiweiße steif schlagen. Dabei den Zucker nach und nach einrieseln lassen. Baiser auf die Füllung streichen und den Kuchen weitere 12–15 Minuten backen, bis er leicht gebräunt ist. Warm oder kalt servieren.

10 STÜCKE

FRITIERTE RUM-BANANEN

Zubereitungszeit: ca. 30 Minuten, plus Ruhezeit

- 4 große, reife Bananen
- 25 g Zucker
- 5 Eßlöffel dunkler Rum
- Öl zum Fritieren

TEIG:

- 75 g Weizenmehl
- 1 Prise Salz
- 1 Eßlöffel Olivenöl
- 2 Eiweiß

ZUM SERVIEREN:

- Zucker
- gemahlener Zimt

1 Bananen schälen und in ca. 1 cm dicke, schräge Scheiben schneiden. In eine flache Form legen und mit Zukker bestreuen. Rum darübergießen und ca. 1 1/2 Stunden beiseite stellen. Ab und zu wenden.

2 In der Zwischenzeit für den Teig Mehl und Salz in eine Schüssel sieben und in der Mitte eine Mulde drükken. Olivenöl und 150 ml Wasser nach und nach untermischen. Zu einem geschmeidigen Teig verarbeiten und ca. 1 Stunde ruhen lassen.

3 Kurz vor dem Ausbacken die Eiweiße steif schlagen und vorsichtig unter den Teig heben. Bananenscheiben abtropfen lassen und so in den Teig tauchen, daß sie vollständig damit überzogen sind.

4 Öl in einem Topf bei starker Hitze erhitzen, bis ein Brotstückchen darin in 30 Sekunden bräunt. Bananen portionsweise hineingeben und darin goldbraun fritieren. Auf Küchenpapier abtropfen lassen. Die Bananen mit Zucker und Zimt bestreuen und heiß servieren.

4 PORTIONEN

FRANZÖSISCHER KÄSEKUCHEN

Vorbereitungszeit: ca. 20 Minuten, plus Kühlzeit
Backzeit: ca. 50 Minuten
Ofentemperatur: 180 Grad, Gas Stufe 2–3, Umluft 160 Grad

- 25 g Rosinen
- 1 Eßlöffel Kirschwasser
- 250 g Pâte Brisée (siehe Seite 8)
- 200 g Doppelrahmfrischkäse
- 3 Eßlöffel Schlagsahne
- 125 g Zucker
- 3 Eier (getrennt)
- 15 g Pfeilwurzmehl (Reformhaus; ersatzweise Speisestärke)
- abgeriebene Schale von 1 unbehandelten Zitrone
- Puderzucker zum Bestäuben

1 Rosinen im Kirschwasser in einer Tasse ziehen lassen.

2 Eine gefettete Obstkuchenform mit Hebeboden (24 cm ø) mit Pâte Brisée auslegen. Den Teigboden mit einer Gabel einstechen.

3 Frischkäse, Sahne und Zucker in einer Schüssel mischen. Eigelbe, Pfeilwurzmehl, Zitronenschale und die getränkten Rosinen unterrühren. Eiweiße steif schlagen und vorsichtig unter die Mischung heben.

4 Den Ofen auf 180 Grad vorheizen. Füllung in die Form auf den Teig füllen. Käsekuchen im vorgeheizten Ofen ca. 10 Minuten backen. Hitze auf 150 Grad reduzieren und weitere 40 Minuten backen. Mit einem Messer anstechen. Wenn die Schneide trocken bleibt, ist der Kuchen fertig. Kuchen aus der Form nehmen und abkühlen lassen. Mit Puderzucker bestäuben und servieren.

12 STÜCKE

WARMER HONIGPUDDING

Vorbereitungszeit: ca. 20 Minuten
Garzeit: ca. 1 1/2 Stunden

- 125 g Butter
- 125 g Zucker
- abgeriebene Schale von 1 unbehandelten Orange
- 2 Eier (verschlagen)
- 150 g Weizenmehl
- 1 Messerspitze Backpulver
- 4 Eßlöffel flüssiger Honig

1 Eine Puddingform (1 Liter) fetten. Butter, Zucker und Orangenschale schaumig schlagen.

2 Eier nach und nach unter kräftigem Rühren zugeben. Mehl und Backpulver mischen und gründlich unter den Teig rühren.

3 Zuerst den Honig in die Form füllen und dann den Teig darüber verteilen.

4 Einen großen Topf zu 2/3 mit heißem Wasser füllen, Form hineinstellen und schließen. Honigpudding ca. 1 1/2 Stunden darin bei schwacher Hitze dämpfen. Falls nötig, heißes Wasser nachfüllen.

5 Die Form aus dem Wasserbad nehmen und den Pudding auf einen vorgewärmten Teller stürzen. Mit Sahne oder Vanillesoße servieren.

4-6 PORTIONEN

TOFFEE-APFEL-PUDDING

Vorbereitungszeit: ca. 20 Minuten
Backzeit: ca. 1 Stunde
Ofentemperatur: 180 Grad, Gas Stufe 2–3, Umluft 160 Grad

- 250 g Weizenmehl
- 1/2 Teelöffel Backpulver
- 1 Prise Salz
- 125 g geraspeltes Kokosfett
- 50 g weiche Butter
- 125 g brauner Zucker
- 750 g Äpfel (geschält und in dünne Scheiben geschnitten)

1 Mehl, Backpulver und Salz in eine Schüssel sieben. Kokosfett unterrühren und mit ca. 6 Eßlöffeln Wasser zu einem festen Teig verarbeiten.

2 Butter und die Hälfte des Zuckers mischen. Eine gefettete Pieform damit ausstreuen.

3 Die Hälfte des Teigs auf der leicht bemehlten Arbeitsfläche ausrollen und die Form damit auslegen. Überstehende Ränder nicht zurechtschneiden. Teig mit der Hälfte der Äpfel füllen und mit dem restlichen Zucker bestreuen. Übrige Äpfel zugeben und leicht andrücken.

4 Ofen auf 180 Grad vorheizen. Teigränder über die Füllung schlagen. Restlichen Teig ausrollen, mit etwas Wasser bepinseln und mit der angefeuchteten Seite nach unten auf die Äpfel legen. Ränder nach innen falten.

5 Im vorgeheizten Ofen ca. 1 Stunde backen, bis der Teig goldbraun ist und die Äpfel beim Anstechen mit einem Stäbchen gar sind. Zirka 5 Minuten ruhen lassen. Auf einen vorgewärmten Teller stürzen und sofort servieren.

4–6 PORTIONEN

BROMBEER-APFEL-CRUMBLE

Vorbereitungszeit: ca. 15 Minuten
Backzeit: 40–50 Minuten
Ofentemperatur: 180 Grad, Gas Stufe 2–3, Umluft 160 Grad

- 500 g Äpfel (geschält und in Stückchen geschnitten)
- 50-125 g Zucker (nach Belieben)
- 1 Streifen Schale (5 cm lang) von 1 unbehandelten Zitrone
- 500 g Brombeeren
- 125 g Weizenmehl oder 75 g Weizenmehl und 2 Eßlöffel grobe Haferflocken
- 125 g brauner Zucker
- 50 g gemahlene Mandeln
- 125 g Butter

1 Äpfel, etwas Wasser, Zucker und Zitronenschale in einem Topf bei schwacher Hitze kochen.

2 Wenn die Äpfel weich sind, Brombeeren zugeben und bei schwacher Hitze erhitzen.

3 Die Früchte mit dem Schaumlöffel herausheben, abtropfen lassen und in eine ofenfeste, flache Form füllen. Den übrigen Fruchtsaft beiseite stellen. Den Ofen auf 180 Grad vorheizen.

4 Mehl, nach Wunsch Haferflocken, braunen Zucker, gemahlene Mandeln und Butter krümelig verkneten.

5 Streusel über den Früchten verteilen. Das Crumble im vorgeheizten Ofen ca. 30 Minuten backen, bis die Streusel schön gebräunt und knusprig sind. Wenn Schlagsahne dazu serviert wird, etwas beiseite gestellten Fruchtsaft während des Schlagens unter die Sahne mischen, um ihr Aroma und Farbe zu verleihen.

4-6 PORTIONEN

VARIATION

RHABARBER-ORANGEN-CRUMBLE

Rhabarber wie die Äpfel im Hauptrezept, aber mit etwas mehr Zucker kochen. Anstelle der Brombeeren abgeriebene Schale von 1 unbehandelten Orange zugeben. Wie im Hauptrezept beschrieben fortfahren.

PÂTISSERIE

Früchte, Nüsse, Schokolade und viele andere süße Zutaten mit unterschiedlichen Teigen zu großen und kleinen Torten und Gebäckstücken zu kombinieren, das ist die höchste Kunst der Konditoren. Mit Hilfe der einfachen Rezepte in diesem Kapitel können Sie selbst zum Künstler werden. Lassen Sie sich verführen von Schokoladen-Eclairs, Pflaumenkuchen oder Apfeltarte aus der Normandie.

APFELTARTE AUS DER NORMANDIE

Vorbereitungszeit: ca. 35 Minuten
Backzeit: 25–35 Minuten
Ofentemperatur: 200 Grad, Gas Stufe 3–4, Umluft 180 Grad

- 75 g Butter
- 75 g Zucker
- 1 Ei (verschlagen)
- 75 g gemahlene Mandeln
- 20 g Weizenmehl
- 1 Eßlöffel Kirschwasser oder Rum
- 175 g Pâte brisée (siehe Seite 8)
- 3 säuerliche Äpfel

ZUM DEKORIEREN:

- Puderzucker zum Bestäuben
- Aprikosenkonfitüre (durch ein Sieb gestrichen)

1 Für die Füllung Butter und Zucker schaumig schlagen. Ei unterrühren. Mandeln, Mehl und Kirschwasser oder Rum zugeben.

2 Pâte brisée auf einer bemehlten Arbeitsfläche kreisförmig ausrollen. Eine Flan- oder Springform (24 cm ø) damit auslegen. Überstehende Ränder abschneiden.

3 Füllung auf den Teigboden verteilen und die Oberfläche glattstreichen. Den Ofen auf 200 Grad vorheizen.

4 Äpfel schälen, halbieren und Kerngehäuse entfernen. Jede Apfelhälfte in dünne Scheiben schneiden und jeweils fächerartig auf die Tartefüllung legen.

5 Die Tarte im vorgeheizten Ofen ca. 15 Minuten backen. Ofentemperatur auf 190 Grad reduzieren und weitere 10 Minuten backen. Mit etwas Puderzucker bestreuen und nochmals ca. 10 Minuten backen, bis die Äpfel weich sind und die Füllung gebräunt ist.

6 Die Tarte aus dem Ofen nehmen und, falls eine Springform verwendet wurde, den Ring entfernen. Die Tarte auf einem Kuchengitter auskühlen lassen. Aprikosenkonfitüre erwärmen und eventuell etwas Wasser zugeben. Glasur über den Kuchen streichen. Der Kuchen hält sich ca. 2 Tage an einem kühlen Ort.

12 STÜCKE

RHABARBERTARTE

Vorbereitungszeit: 25–30 Minuten, plus Ruhezeit
Backzeit: ca. 40 Minuten
Ofentemperatur: 200 Grad, Gas Stufe 3–4, Umluft 180 Grad

- 500 g Rhabarber (in große Stücke geschnitten)

TEIG:
- Teig für Himbeer-Heidelbeer-Tarte (siehe Seite 60)

GLASUR:
- 2 Eßlöffel rotes Johannisbeergelee

FÜLLUNG:
- 175 g Zucker
- 2 Eier
- 50 g Weizenmehl
- abgeriebene Schale von 1 unbehandelten Orange
- 150 g Schlagsahne

1 Am Tag vor der Zubereitung die Rhabarberstücke mit der Hälfte des Zuckers bestreuen und über Nacht zugedeckt stehen lassen.

2 Am nächsten Tag den Teig wie im Rezept Himbeer-Heidelbeer-Tarte beschrieben zubereiten und auf einer bemehlten Arbeitsfläche rund ausrollen. Eine gefettete Tarte- oder Springform (20 cm ø) damit auslegen. Den Ofen auf 200 Grad vorheizen.

3 Teig im vorgeheizten Ofen ca. 10 Minuten blindbacken (siehe Seite 9), bis er leicht gebräunt ist. Form aus dem Ofen nehmen, den Ofen eingeschaltet lassen.

4 Für die Füllung Eier und restlichen Zucker in einer Schüssel mischen. Mehl und Orangenschale unterrühren. Schlagsahne zugeben.

5 Rhabarber auf den vorgebackenen Tarteboden geben und die Füllung darüber verteilen. Die Tarte wieder in den Ofen schieben und ca. 30 Minuten backen. Johannisbeergelee mit 1 Eßlöffel Wasser erhitzen und auf die warme Tarte streichen. Warm oder kalt servieren.

6–8 STÜCKE

APFELTARTE

Vorbereitungszeit: ca. 25 Minuten
Backzeit: ca. 20 Minuten
Ofentemperatur: 200 Grad, Gas Stufe 3–4, Umluft 180 Grad

- 250 g tiefgekühlter Blätterteig (aufgetaut)
- Mehl zum Bestäuben
- 1 Eigelb (verquirlt)
- 1 kg Äpfel
- 1 Eßlöffel Zitronensaft
- 1 Rezept Crème pâtissière (siehe Seite 8)

GLASUR:
- 3 Eßlöffel Aprikosenkonfitüre

1 Den Teig zu einem 12 cm breiten Rechteck ausrollen. Mit etwas Mehl bestäuben und über der Mitte zusammenfalten. Von den 3 offenen Seiten einen 1 cm breiten Rand abschneiden. Das Rechteck aufklappen und erneut 2 cm breiter und etwas länger ausrollen. Den Ofen auf 200 Grad vorheizen.

2 Teigrechteck auf ein mit Wasser benetztes Backblech legen, mit einer Gabel einstechen und die Ränder befeuchten. Das abgeschnittene Teigband aufklappen, als Rand um die Teigplatte legen und etwas andrücken. Teigrand mit etwas verquirltem Eigelb bestreichen.

3 Teig im vorgeheizten Ofen ca. 10 Minuten backen. Aus dem Ofen nehmen und die Temperatur auf 180 Grad reduzieren.

4 Äpfel schälen, Kerngehäuse entfernen und das Fruchtfleisch in dünne Scheiben schneiden. Ein Viertel der Äpfel mit 2 Eßlöffeln Wasser zu einem dicken Kompott kochen. In der Zwischenzeit die restlichen Äpfel mit Zitronensaft beträufeln, damit sie nicht braun werden.

5 Crème pâtissière gleichmäßig auf den gebackenen Teig streichen. Eine Schicht Apfelkompott darauf verteilen, dann die Apfelscheiben dachziegelartig von innen nach außen auf das Kompott legen. Teigränder mit dem restlichen Eigelb bestreichen. Die Tarte wieder in den Ofen schieben und weitere 10 Minuten backen.

6 Aprikosenkonfitüre mit 1 Eßlöffel Wasser in einem kleinen Topf unter Rühren erhitzen und auf die Apfelscheiben streichen. Die Tarte warm oder kalt servieren.

4-6 STÜCKE

VARIATION

APRIKOSENTARTE

Äpfel durch frische Aprikosen ersetzen. Bei der Zubereitung des Kompotts darauf achten, daß die Früchte nicht zu wäßrig und weich werden. Zitronensaft weglassen. Die Aprikosen halbieren und nicht in Scheiben schneiden. Wie im Rezept beschrieben fortfahren.

MANDEL-GLÜCKSKUCHEN

Vorbereitungszeit: 25–30 Minuten
Backzeit: ca. 20 Minuten
Ofentemperatur: 220 Grad, Gas Stufe 4–5, Umluft 200 Grad

- 100 g gemahlene Mandeln
- 100 g Puderzucker
- 1 Ei
- 50 g weiche Butter
- 2 Eßlöffel Orangenlikör
- 425 g tiefgekühlter Blätterteig (aufgetaut)
- 2 chinesische Glückskekse oder Silbertaler
- 1 Eigelb

1 Für die Füllung gemahlene Mandeln, Puderzucker, Ei, weiche Butter und Orangenlikör verrühren.

2 Blätterteig auf der bemehlten Arbeitsfläche zu einem Rechteck ausrollen. Mit Hilfe einer Tarteform (20 cm ø) zwei Kreise aus dem Teig ausstechen. Ein Kreis sollte die Größe der Form haben, der andere 2,5 cm größer sein.

3 Den Ofen auf 220 Grad vorheizen. Die Form mit etwas Butter fetten und mit dem größeren Teigkreis auslegen. Füllung auf dem Teig verteilen. Glückskekse oder Silbertaler in der Füllung verstecken. Teigränder mit etwas Wasser befeuchten und den zweiten Kreis über den Kuchen legen. Die Teigränder zusammendrücken.

4 Eigelb mit etwas Wasser verschlagen und den Kuchen damit bestreichen. Mit dem Messerrücken ein Gittermuster in den Teig zeichnen. Im vorgeheizten Ofen ca. 20 Minuten backen. Warm oder kalt servieren.

8 STÜCKE

PASSIONSFRUCHT-TARTE

Passionsfrüchte sind das ganze Jahr erhältlich. Ihr süßes Fruchtfleisch schmeckt besonders aromatisch.

Vorbereitungszeit: ca. 20 Minuten, plus Kühlzeit
Backzeit: 25–30 Minuten, Ofentemperatur: 200 Grad, Gas Stufe 3–4, Umluft 180 Grad

MÜRBETEIG:

- 250 g Weizenmehl
- 125 g Butter
- 2 Eßlöffel Zucker
- 1 Eßlöffel abgeriebene Schale von 1 unbehandelten Orange
- 1 Eßlöffel abgeriebene Schale von 1 unbehandelten Zitrone

FÜLLUNG:

- Fruchtfleisch von 6 Passionsfrüchten
- 200 g Zucker
- 125 ml Orangensaft
- abgeriebene Schale von 1 unbehandelten Orange
- 4 Eier
- 200 g Schlagsahne
- Puderzucker zum Bestäuben

1 Für den Teig Mehl in eine Schüssel sieben und Butter in kleinen Stücken zugeben. Mehl und Butter rasch mit den Händen verkneten. Dabei Zucker, Orangen- und Zitronenschale zufügen. So viel Eiswasser zugießen, daß ein geschmeidiger Teig entsteht. Teig zur Kugel formen und in Folie gewickelt mindestens 30 Minuten kalt stellen.

2 Teig auf der leicht bemehlten Arbeitsfläche zu einem Rechteck, das in eine Form von ca. 12 x 25 cm paßt, oder zu einem Kreis für eine Form (ca. 22 cm ø) ausrollen.

3 Ofen auf 200 Grad vorheizen. Teig in die gefettete Form geben. Butterbrotpapier oder Alufolie darüberlegen und mit getrockneten Hülsenfrüchten beschweren. Im vorgeheizten Ofen ca. 10 Minuten blindbacken. Hülsenfrüchte und Papier entfernen.

4 Für die Füllung das Fleisch der Passionsfrüchte mit Zucker, Orangensaft, Orangenschale, Eiern und Schlagsahne verrühren.

5 Füllung auf den Boden in der Form gießen. Die Ofentemperatur auf 190 Grad reduzieren und die Tarte 15–20 Minuten backen, bis die Füllung fest ist. Tarte mit Puderzucker bestäuben und kurz unter den heißen Grill stellen, bis der Zucker geschmolzen und goldbraun ist. In Stücke schneiden und nach Belieben mit Schlagsahne servieren.

8-10 STÜCKE

BIRNENTARTE

Vorbereitungszeit: 20–25 Minuten, plus Kühlzeit
Backzeit: ca. 50 Minuten
Ofentemperatur: 200 Grad, Gas Stufe 3–4, Umluft 180 Grad

TEIG:
- 200 g Weizenmehl
- 1 Prise Salz
- 90 g Butter
- 3 Eßlöffel kalte Milch
- Hülsenfrüchte zum Blindbacken

FÜLLUNG:
- 250 g Schlagsahne
- 2 Eigelb
- 2 Eßlöffel Zucker
- 1 Eßlöffel Calvados oder Sherry
- 4 große, reife Birnen (geschält)

1 Für den Teig Mehl und Salz in eine Schüssel sieben. Butter stückchenweise mit den Händen einarbeiten. Mit der Milch zu einem Teig verarbeiten. Im Kühlschrank ca. 20 Minuten kühl stellen.

2 Den Ofen auf 200 Grad vorheizen. Gekühlten Teig auf einer bemehlten Arbeitsfläche ausrollen und eine gefettete Flan- oder Tarteform (20 cm ø) damit auslegen. Den Teig mit einer Gabel leicht einstechen und ca. 10 Minuten blindbacken (siehe Seite 9). Die Form aus dem Ofen nehmen und auf ein Kuchengitter stellen. Den Ofen eingeschaltet lassen.

3 Für die Füllung Sahne, Eigelbe, Zucker und Calvados oder Sherry verrühren.

4 Birnen halbieren und das Kerngehäuse mit einem Teelöffel herauskratzen. Birnenhälften oben einschneiden und mit der flachen Seite nach unten in die Form legen. Birnen mit Füllung bedecken und die Tarte im Ofen ca. 40 Minuten backen. Warm oder kalt mit Sahne servieren.

10 STÜCKE

TARTE MIT HIMBEEREN UND HEIDELBEEREN

Vorbereitungszeit: ca. 25 Minuten
Backzeit: ca. 35 Minuten
Ofentemperatur: 190 Grad, Gas Stufe 4, Umluft 170 Grad

TEIG:
- 200 g Weizenmehl
- 1 Prise Salz
- 90 g Butter

FÜLLUNG:
- 125 g Zucker
- 150 g Schlagsahne
- 2 Eier (verschlagen)
- 250 g Heidelbeeren (gewaschen)
- 250 g Himbeeren (gewaschen und geputzt)

1 Für den Teig Mehl und Salz in eine Schüssel sieben. Butter stückchenweise rasch mit den Händen einarbeiten. Mit 3 Eßlöffeln Wasser zu einem geschmeidigen Teig verarbeiten. Teig auf einer bemehlten Arbeitsfläche ausrollen und eine gefettete Flan- oder Tarteform (20 cm ø) damit auslegen. Teig mit einer Gabel leicht einstechen. Den Ofen auf 190 Grad vorheizen.

2 Für die Füllung Zucker bis auf einen Eßlöffel mit Sahne und Eiern mischen. Mischung auf den Teig in der Form gießen. Im vorgeheizten Ofen ca. 25 Minuten backen. Aus dem Ofen nehmen.

3 Früchte abwechselnd kreisförmig auf der vorgebackenen Tarte verteilen und mit dem restlichen Zucker bestreuen. Die Tarte wieder in den Ofen stellen und weitere 10 Minuten backen. Warm oder kalt servieren.

8 STÜCKE

VARIATION

JOHANNISBEER-TARTE

Himbeeren und Heidelbeeren durch die gleiche Menge schwarze und rote Johannisbeeren ersetzen.

PFLAUMENTARTE

Vorbereitungszeit: ca. 25 Minuten, plus Kühlzeit
Backzeit: ca. 50 Minuten
Ofentemperatur: 200 Grad, Gas Stufe 3–4, Umluft 180 Grad

TEIG:
- 175 g Weizenmehl
- 2 Eßlöffel Puderzucker
- 65 g Butter (in Stücke geschnitten)
- 1 Ei (leicht verschlagen)
- Hülsenfrüchte

FÜLLUNG:
- 400 g Pflaumen (halbiert und entsteint)
- 60 g kalte Butter (gehackt)
- 150 g brauner Zucker
- 300 g gemahlene Haselnußkerne
- 3 Eier (getrennt)

1 Für den Teig Mehl und Puderzucker in eine Schüssel sieben. Butter mit den Händen rasch einarbeiten, bis der Teig krümelig ist. Ei und 2–3 Eßlöffel Wasser unterkneten und auf einer leicht bemehlten Arbeitsfläche zu einem geschmeidigen Teig verkneten. In Folie wickeln und ca. 15 Minuten kalt stellen.

2 Ofen auf 200 Grad vorheizen. Teig auf einer bemehlten Arbeitsfläche ausrollen. Eine gefettete Tarteform (24 cm ø) damit auslegen. Pergamentpapier auf den Teig legen und mit getrockneten Hülsenfrüchten beschweren. Im vorgeheizten Ofen ca. 10 Minuten blindbacken. Papier und Hülsenfrüchte aus der Form nehmen. Tarteboden weitere 5 Minuten backen. Aus dem Ofen nehmen und etwas auskühlen lassen. Ofentemperatur auf 180 Grad reduzieren.

3 Für die Füllung die Pflaumen auf den Teig legen. Butter und Zucker cremig schlagen. Nüsse und Eigelbe unterrühren. Eiweiße steif schlagen und unter die Haselnußmischung heben. Füllung auf den Pflaumen verteilen und die Tarte ca. 40 Minuten backen, bis die Füllung fest ist. Mit geschlagener Sahne servieren.

8 STÜCKE

SCHOKOLADEN-ECLAIRS

Vorbereitungszeit: ca. 25 Minuten, plus Kühlzeit
Backzeit: ca. 35 Minuten
Ofentemperatur: 200 Grad, Gas Stufe 3–4, Umluft 180 Grad

BRANDTEIG:
- 65 g Weizenmehl
- 50 g Butter
- 2 Eier (verschlagen)

FÜLLUNG UND GARNITUR:
- 300 g Schlagsahne
- 1 Eßlöffel Puderzucker
- 125 g Zartbitterschokolade (in Stückchen)
- 40 g weiße Schokolade (in Stückchen)

1 Für den Brandteig Mehl auf ein Stück Backpapier sieben. Butter und 150 ml kaltes Wasser in einem kleinen Topf bei schwacher Hitze erhitzen, bis die Butter schmilzt. Aufkochen und von der Kochstelle nehmen.

2 Das Mehl auf einmal hineinschütten und mit einem Holzkochlöffel kräftig rühren, bis sich der Teig als Kugel vom Topfboden löst. Zirka 3 Minuten abkühlen lassen.

3 Eier einzeln in den Teig rühren, bis er glänzt. Ein Stück Backpapier etwas befeuchten. Ofen auf 200 Grad vorheizen. Teig in einen Spritzbeutel mit großer Lochtülle füllen und jeweils einen 7,5 cm langen Streifen auf das Backpapier spritzen. Oder Teig mit einem Teelöffel als Streifen auf das Backpapier geben.

4 Die Eclairs im vorgeheizten Ofen ca. 35 Minuten backen, bis der Teig aufgeht, knusprig und goldbraun ist. Jedes Eclair mit der Schere aufschneiden, damit der Dampf entweichen kann. Auf einem Kuchengitter auskühlen lassen.

5 Sahne und Puderzucker halb steif schlagen und die Eclairs damit füllen.

6 Zartbitterschokolade und weiße Schokolade getrennt in einer Schüssel im Wasserbad schmelzen. Etwas Zartbitterschokolade auf jedes Eclair streichen, etwas von der weißen Schokolade darüber geben und mit einem Löffel oder Stäbchen ein Muster ziehen. Vor dem Servieren die Schokolade etwas trocknen lassen.

ETWA 14 STÜCK

ERDBEER-MANDEL-TÖRTCHEN

Vorbereitungszeit: ca. 30 Minuten, plus Kühlzeit und Ruhezeit
Backzeit: ca. 20 Minuten
Ofentemperatur: 190 Grad, Gas Stufe 3, Umluft 170 Grad

- 250 g weiche Butter
- 125 g Zucker
- 2 Eigelb
- 375 g Weizenmehl
- 125 g gemahlene Mandeln

FÜLLUNG:

- 250 g Frischkäse
- 1 Eßlöffel Zucker
- 1 Teelöffel abgeriebene Schale von 1 unbehandelten Zitrone
- 750 g Erdbeeren (gewaschen und entkelcht)
- 5 Eßlöffel rotes Johannisbeergelee (erhitzt)
- 4 Eßlöffel Mandelblättchen (geröstet)

1 Butter und Zucker schaumig schlagen. Eigelbe unterrühren. Mehl und gemahlene Mandeln nach und nach zugeben. Masse zu einem geschmeidigen Teig kneten. Zugedeckt ca. 1 Stunde kalt stellen.

2 Ofen auf 190 Grad vorheizen. Teig in 8 Stücke teilen. Jedes Teigstück auf bemehlter Arbeitsfläche rund ausrollen und 8 gefettete Tartelettförmchen (12 cm ø) damit auslegen. Teig mit einer Gabel einstechen.

3 Die Törtchen im vorgeheizten Ofen ca. 15 Minuten blindbacken (siehe Seite 9). Papier und Hülsenfrüchte entfernen. Teig in weiteren 3–4 Minuten goldbraun backen. In den Förmchen auf einem Kuchengitter auskühlen lassen.

4 Für die Füllung Frischkäse, Zucker und Zitronenschale verrühren. Etwas Käsecreme auf jedes Törtchen streichen.

5 8 schöne Erdbeeren beiseite legen. Die restlichen Früchte in Scheiben schneiden. Erdbeerscheiben kreisförmig auf die Käsemischung legen. Rotes Johannisbeergelee über die Erdbeeren geben und erstarren lassen.

6 Kurz vor dem Servieren auf jedes Törtchen 1 beiseite gelegte Erdbeere setzen und die Törtchen mit gerösteten Mandelblättchen bestreuen.

8 STÜCK

VARIATION

HIMBEER-AMARETTI-TÖRTCHEN

Die in Scheiben geschnittenen Erdbeeren durch ganze Himbeeren ersetzen. 300 g geschlagene Sahne mit 10 zerdrückten Amaretti-Keksen vermischen und statt der Käsecreme verwenden.

KLEINE KUCHEN & KEKSE

Kleine Kuchen und Kekse dürfen beim Nachmittagskaffee oder zur Teatime nicht fehlen. In diesem Kapitel finden Sie die passenden Rezepte für die verschiedensten köstlichen Kuchen und Kekssorten: von der dekorativen Schichttorte bis hin zu Schokoschnitten und Ingwerkeksen. Es ist garantiert für jede Gelegenheit und jeden Geschmack etwas dabei!

SCHOKOLADEN-NUSS-SCHNITTEN

Zubereitungszeit: ca. 15 Minuten, plus Kühlzeit

- eßbares Reispapier oder Oblaten
- 400 g Zartbitterschokolade (in Stücken)
- 200 g Butter
- 150 g Vollkornkekse (zerkrümelt)
- 200 g gemischte, ganze Nüsse, z.B. Mandeln, Haselnußkerne oder Paranußkerne

1 Den Boden einer ca. 20 x 20 cm großen Form und den Rand ca. 2 cm hoch mit Reispapier oder Oblaten auslegen.

2 Schokolade und Butter in einer Schüssel im Wasserbad schmelzen.

3 Kekse und Nüsse unterrühren. Masse in die vorbereitete Form füllen. Die Mischung glattstreichen und mehrere Stunden oder über Nacht kalt stellen, bis sie fest ist.

4 Vor dem Servieren Kuchen aus der Form nehmen und in kleine Stücke brechen oder schneiden.

14-16 STÜCK

INGWER-KEKSE

Vorbereitungszeit: ca. 20 Minuten
Backzeit: 15–20 Minuten
Ofentemperatur: 160 Grad, Gas Stufe 1–2, Umluft 140 Grad

- 250 g weiche Butter
- 125 g Zucker
- 250 g Weizenmehl
- 2 Teelöffel Ingwerpulver
- Zucker zum Bestreuen

1 Butter und Zucker miteinander verkneten. Mehl und Ingwer nach und nach zugeben. So lange kneten, bis ein geschmeidiger Teig entsteht.

2 Ofen auf 160 Grad vorheizen. Teig auf einer leicht bemehlten Arbeitsfläche ca. 5 mm dick ausrollen. Mit beliebigen Förmchen ausstechen und auf ein mit Backpapier ausgelegtes Backblech legen.

3 Kekse im vorgeheizten Ofen 15–20 Minuten backen, bis sie goldbraun sind. Aus dem Ofen nehmen und noch warm mit Zucker bestreuen. Auf einem Kuchengitter auskühlen lassen.

ETWA 36 STÜCK

VARIATION

INGWER-MÄNNCHEN

Aus dem Teig kleine Männchen formen und Rosinen für die Augen in den Teig drücken.

FLORENTINER

Vorbereitungszeit: ca. 25 Minuten, plus Ruhezeit und Kühlzeit
Backzeit: 40–45 Minuten
Ofentemperatur: 150 Grad, Gas Stufe 1, Umluft 130 Grad

- 250 g Zartbitterschokolade (in Stückchen)
- 50 g weiche Butter
- 125 g brauner Zucker
- 1 Ei (verschlagen)
- 50 g gemischte Trockenfrüchte
- 125 g Kokosraspeln
- 50 g gemischte Cocktailkirschen (aus dem Glas; geviertelt)

1 Eine quadratische ofenfeste Form (ca. 20 x 20 cm) gründlich ausfetten.

2 Die Schokoladenstücke in einer Schüssel im Wasserbad schmelzen, ab und zu umrühren. In die vorbereitete Form füllen. Gleichmäßig auf dem Boden der Form verstreichen und erkalten lassen.

3 In der Zwischenzeit Butter und Zucker schaumig schlagen. Ei unterrühren. Restliche Zutaten mischen und zur Buttercreme geben. In die Form füllen und auf der erkalteten Schokolade verteilen.

4 Florentiner im vorgeheizten Ofen bei 160 Grad auf mittlerer Schiene 40–45 Minuten goldbraun backen. Aus dem Ofen nehmen und ca. 5 Minuten auskühlen lassen. Teig mit einem scharfen Messer vorsichtig in 12–16 Stücke schneiden. Die Mischung ist zu diesem Zeitpunkt klebrig.

5 Abkühlen lassen. Florentiner mit einem Spatel vorsichtig lösen und aus der Form heben, ohne die Schokolade dabei zu zerbrechen.

12–16 STÜCK

BANANENKUCHEN

Vorbereitungszeit: ca. 20 Minuten, plus Kühlzeit
Backzeit: 20–25 Minuten
Ofentemperatur: 180 Grad, Gas Stufe 2–3, Umluft 160 Grad

- 125 g Butter oder Margarine
- 125 g Zucker
- 2 Eier
- 125 g Weizenmehl
- 1/2 Teelöffel Backpulver
- 2 Bananen (geschält und zerdrückt)
- Puderzucker zum Bestäuben

FÜLLUNG:

- 50 g gemahlene Mandeln
- 50 g Puderzucker (gesiebt)
- 1 kleine Banane (geschält und zerdrückt)
- 1/2 Teelöffel Zitronensaft

1 Butter oder Margarine und Zucker schaumig rühren. Eier einzeln unterrühren. Mit dem zweiten Ei 1 Teelöffel Mehl zufügen. Restliches Mehl und Bananenmus unter den Teig rühren.

2 Den Teig in eine gefettete Springform (18 cm ø) füllen und im vorgeheizten Ofen bei 180 Grad etwa 1 Stunde backen, aus dem Ofen nehmen. Aus der Form nehmen, auf einem Kuchengitter auskühlen lassen. Den Kuchen einmal quer durchschneiden.

3 Mandeln und Puderzucker mischen. Bananenmus und Zitronensaft zugeben und cremig rühren. Auf einen Kuchenboden streichen, mit dem anderen bedecken. Mit Puderzucker bestäuben.

8 STÜCKE

SCHÖNE DEKORATIONEN

Dekorationen für Kuchen und Desserts können ganz leicht selbst gemacht werden. Auf diesen beiden Seiten erhalten Sie einen Überblick über Früchte, Nüsse und Blüten sowie Kräuter, die sich wunderbar zum Dekorieren eignen. Frische Blüten, Blätter und Früchte sollten lediglich mit Zuckerguß überzogen werden – mehr ist nicht nötig, um ihnen ein dekoratives Aussehen und einen guten Geschmack zu verleihen.

Überzuckerte Primelblüten: Ein Eiweiß schaumig rühren, mit einem Pinsel auf die Blüten streichen. Überschüssiges Eiweiß abtropfen lassen. Mit Zucker bestreuen. Auf Butterbrotpapier trocknen lassen. Lagenweise mit Küchenpapier aufschichten und luftdicht verschließen. Bis zu 6 Wochen aufbewahren.

Überzuckerte Rosenblätter: Wie Primel-Blüten herstellen.

Überzuckerte blaue und grüne Trauben: Mit Zuckerguß überziehen und bis zu 2 Wochen luftdicht verschlossen aufbewahren.

Überzuckerte Minzeblätter schmecken genauso gut, wie sie aussehen.

Überzuckerte Kap-Stachelbeeren sind besonders attraktiv.

Überzuckerte rote Johannisbeeren: Kleine Früchte sehen besonders hübsch aus.

Schale von Zitrusfrüchten in Streifen: Zitrusfrucht mit einem Sparschäler spiralförmig schälen und in dünne Streifen schneiden, oder die Schale mit einem Zestenreißer abziehen.

Mandeln: Geschält werden sie mit oder ohne Häutchen, grob gehackt, geraspelt, gemahlen oder als Stifte angeboten. Gehäutet bis zu 6 Monaten an einem kühlen Ort, mit Häutchen einige Monate im Kühlschrank oder 6 Monate im Tiefkühlgerät haltbar. Mandeln können ohne Fett geröstet werden.

Haselnußkerne: Sie haben einen intensiven, butterähnlichen Geschmack. Haselnußkerne werden als ganze Kerne, halbiert, gehackt oder gemahlen angeboten. Geröstet schmecken sie am besten. Ganze Kerne trocken und kühl bis zu 6 Monaten im Kühlschrank, zerkleinerte bis zu 1 Monat oder im Tiefkühlgerät 6 Monate lagern.

Walnußkerne: Mit Häutchen an einem kühlen, trockenen Ort einige Monate und ohne im Kühlschrank bis zu ca. 2 Monaten oder im Tiefkühlgerät bis zu 1 Jahr lagerfähig. Walnußkerne können geröstet werden.

Pecannußkerne: Schmecken ähnlich wie Walnußkerne. Mit Häutchen innerhalb von 6 Monaten verbrauchen, ohne im Kühlschrank bis 3 oder im Tiefkühlgerät bis 6 Monate aufbewahren.

MÖHREN-WALNUSS-KUCHEN

Vorbereitungszeit: ca. 20 Minuten
Backzeit: ca. 1 Stunde
Ofentemperatur: 180 Grad, Gas Stufe 2–3, Umluft 160 Grad

- 150 g Butter
- 200 g brauner Zucker
- 175 g Möhren (fein geraspelt)
- $^1/_2$ Teelöffel Salz
- 1 Teelöffel Lebkuchengewürz
- 2 Eier
- 200 g Weizenmehl
- $2^1/_2$ Teelöffel Backpulver
- 125 g Walnußkerne (gehackt)

ZUCKERGUSS:

- 250 g Frischkäse
- 2-3 Eßlöffel Zitronensaft
- 50 g Puderzucker (gesiebt)

ZUM DEKORIEREN:

- 25 g halbierte Walnußkerne

1 Eine Springform (20 cm ø) fetten. Butter schmelzen und in eine Schüssel gießen. Zucker, Möhren, Salz, Lebkuchengewürz und Eier unterrühren.

2 Mehl und Backpulver sieben. Walnußkerne zugeben. Mehlmischung locker unter den Möhrenteig rühren, bis alle Zutaten gut gemischt sind.

3 Teig in die vorbereitete Form geben. Im vorgeheizten Ofen bei 180 Grad ca. 1 Stunde backen, bis der Kuchen goldbraun ist.

4 In der Form ca. 5 Minuten auskühlen lassen. Auf ein Kuchengitter stürzen und auskühlen lassen.

5 Für den Zuckerguß den Frischkäse cremig rühren. Zitronensaft und Puderzucker untermischen.

6 Kuchen einmal quer durchschneiden. Die beiden Kuchenböden mit $^1/_3$ des Zuckergusses bestreichen und aufeinanderschichten. Kuchen mit dem restlichen Zuckerguß an der Oberfläche und den Seiten bestreichen. Mit einer Gabel Wellenlinien in den Guß zeichnen und den äußeren Rand mit Nußhälften belegen.

8-10 STÜCKE

VARIATION

KLEINE MÖHREN-WALNUSS-KUCHEN

Vorbereitungszeit: ca. 25 Minuten
Garzeit: 20–25 Minuten

Für mehrere kleine Kuchen den Teig in Papierförmchen backen. Die angegebene Menge ergibt ca. 24 kleine Kuchen. Die Formen halb mit Teig füllen und im vorgeheizten Ofen 20–25 Minuten backen. Abkühlen lassen und mit Zuckerguß bestreichen. Jeden Kuchen mit 1 Nußhälfte verzieren.

KAFFEE-WALNUSS-SCHICHTKUCHEN

Vorbereitungszeit: ca. 35 Minuten, plus Kühlzeit
Backzeit: ca. 1 Stunde
Ofentemperatur: 190 Grad, Gas Stufe 3, Umluft 170 Grad

- 4 Eier
- 175 g Zucker
- 125 g Weizenmehl
- 1 Eßlöffel Öl
- 125 g Walnußkerne (fein gehackt)

BUTTER-ZUCKERGLASUR:
- 250 g Butter
- 500 g Puderzucker (gesiebt)
- 2 Eßlöffel Milch
- 2 Eßlöffel Instant-Kaffeepulver

ZUM DEKORIEREN:
- halbierte Walnußkerne

1 Eine Springform (20 cm ø) mit Backpapier auslegen und fetten. Eier und Zucker mit dem elektrischen Handrührgerät zu einer hellen Creme schlagen.

2 Mehl nach und nach zugeben. Öl und gehackte Nüsse locker unterrühren. Ofen auf 190 Grad vorheizen. Teig in die vorbereitete Form geben und im vorgeheizten Ofen ca. 1 Stunde backen, bis er auf leichten Fingerdruck nachgibt. Auf ein Kuchengitter stürzen, Backpapier entfernen und abkühlen lassen. Den Kuchen zweimal quer durchscheiden, so daß 3 Böden entstehen.

3 Für die Glasur Butter mit der Hälfte des Puderzuckers cremig schlagen. Milch, Instant-Kaffeepulver und restlichen Puderzucker gut unterrühren.

4 Nacheinander die 3 Kuchenböden mit 1/4 der Glasur bestreichen und die Schichten aufeinanderlegen. Restliche Glasur großzügig auf die Oberfläche streichen. Mit Walnußhälften garnieren.

10 STÜCKE

KUCHEN MIT ZITRONENCREME

Vorbereitungszeit: ca. 30 Minuten, plus Kühlzeit
Backzeit: ca. 20 Minuten
Ofentemperatur: 180 Grad, Gas Stufe 2–3, Umluft 160 Grad

- 3 Eier
- 75 g Zucker
- 75 g Weizenmehl
- 1 Messerspitze Backpulver
- 150 g Schlagsahne (halb steif geschlagen)
- 200 g Doppelrahmfrischkäse
- Saft und abgeriebene Schale von 1 unbehandelten Zitrone
- 1 Pck. Vanillezucker

Zum Dekorieren:

- Puderzucker (gesiebt)
- Zitronenschale in Streifen geschnitten
- Zitronenscheiben

1 1 Springform (18 cm ø) fetten. Eier und Zucker mit dem elektrischen Handrührgerät zu einer dicken, hellen Creme rühren. Mehl und Backpulver darübersieben und vorsichtig unterheben.

2 Teig in die Form geben und im vorgeheizten Ofen ca. 20 Minuten backen, bis der Teig auf leichten Fingerdruck nachgibt. Auf ein Kuchengitter stürzen und abkühlen lassen. Den Kuchen in 2 Böden schneiden.

3 Sahne, Frischkäse, Zitronensaft und Schale sowie Vanillezucker verrühren. Auf einen Boden streichen und den zweiten darauf legen. Mit Puderzucker bestäuben. Mit Zitronenschale in Streifen und gedrehten Zitronenscheiben garnieren.

8 STÜCKE

SAFTIGER APFEL-GEWÜRZ-KUCHEN

Vorbereitungszeit: ca. 40 Minuten, plus Kühlzeit
Backzeit: ca. 1 1/4 Stunden
Ofentemperatur: 180 Grad, Gas Stufe 2–3, Umluft 160 Grad

- 300 g Weizenmehl
- 1 Teelöffel Backpulver
- 1 Teelöffel Salz
- 1/2 Teelöffel gemahlener Zimt
- 1/4 Teelöffel gemahlene Nelken
- 125 g weiche Butter
- 250 g Zucker
- 1 Ei
- 1 Teelöffel Vanille-Extrakt
- 400 g Äpfel (geschält und gerieben)
- 1 Eßlöffel Honig
- 2-3 Eßlöffel Mandelblättchen (geröstet)

1 Eine quadratische Kuchenform (18 x 18 cm) mit Backpapier auslegen. Mehl, Backpulver, Salz, Zimt und gemahlene Nelken sieben. Butter und Zucker schaumig schlagen. Ei und Vanille-Extrakt nach und nach zur Buttercreme geben. Äpfel und Mehlmischung nach und nach unterrühren.

2 Den Teig in die vorbereitete Kuchenform füllen und glattstreichen. Im vorgeheizten Ofen bei 180 Grad ca. 1 1/4 Stunden backen, bis der Kuchen gebräunt ist und die Ränder sich von der Form lösen. Zirka 5 Minuten in der Form ruhen lassen. Auf ein Kuchengitter stürzen und auskühlen lassen.

3 Backpapier vom ausgekühlten Kuchen entfernen. Oberfläche mit Honig bestreichen und Mandelblättchen darauflegen.

10 STÜCKE

ERDBEERKUCHEN

Wenn der Kuchen besonders professionell aussehen soll, einfach die Erdbeeren für die Dekoration mit etwas erwärmtem roten Johannisbeergelee oder durch ein Sieb gestrichener Erdbeerkonfitüre bestreichen. Dadurch erhalten die Früchte einen schönen Glanz und eine intensivere Farbe.

Vorbereitungszeit: ca. 1 Stunde, plus Kühlzeit
Backzeit: ca. 30 Minuten
Ofentemperatur: 180 Grad, Gas Stufe 2–3, Umluft 160 Grad

- 200 g Zucker
- 2 Teelöffel abgeriebene Schale von 1 unbehandelten Zitrone
- 5 Eier (getrennt)
- 2 Teelöffel Zitronensaft
- 175 g Weizenmehl
- 1/2 Teelöffel Backpulver
- 350 g Schlagsahne
- 1/2 Teelöffel Vanille-Extrakt
- 1 Eßlöffel Puderzucker
- 500 g Erdbeeren (gewaschen und entstielt)

1 1 Springform (20 cm ø) fetten. Zucker und Zitronenschale mischen. Eiweiße beiseite stellen. Eigelbe und Zitronen-Zucker zu einer dicken Creme schlagen. 50 ml kochendes Wasser und Zitronensaft zugeben.

2 Mehl und Backpulver mischen, über die Eigelbmischung sieben und unterheben.

3 Eiweiße steif schlagen und vorsichtig unterziehen. Teig in die Form geben und im vorgeheizten Ofen bei 180 Grad ca. 1 Stunde backen. Auf ein Kuchengitter stürzen und abkühlen lassen, in 4 Schichten schneiden.

4 Schlagsahne mit Vanille-Extrakt und Puderzucker steif schlagen. Bis auf 10 Erdbeeren alle vierteln und unter 2/3 der Sahne mischen. Restliche Sahne und ein paar ganze Erdbeeren zur Dekoration beiseite stellen.

5 Die Böden nacheinander mit Erdbeersahne bestreichen und übereinander legen. Restliche Sahne im Gittermuster auf den Kuchen spritzen und mit ganzen Erdbeeren garnieren.

8 STÜCKE

SÜSSE GESCHENKE

Ob für Freunde oder Verwandte, selbstgemachte süße Sachen kommen immer besonders gut an. Verschenken Sie doch einfach einmal leckere Pralinen oder eine hübsche Dose mit Keksen, Nougat oder Paranüssen in Schokolade. In diesem Kapitel finden Sie ausgefallene Rezepte für Leckereien, die nach mehr schmecken.

NOUGAT

Vorbereitungszeit: ca. 15 Minuten, plus Kühlzeit
Garzeit: ca. 20-30 Minuten
Ofentemperatur: 160 Grad, Gas Stufe 1–2, Umluft 140 Grad

- eßbares Reispapier
- 125 g abgezogene Mandeln (in je 2-3 Stücke geschnitten)
- 15 g Pistazien (überbrüht und halbiert; nach Wunsch)
- 150 g Puderzucker (gesiebt)
- 125 g flüssiger Honig
- 25 g Zucker
- 2 Eiweiß
- 50 g kandierte Kirschen (in Scheiben geschnitten)
- 4 Eßlöffel Puderzucker für die Arbeitsfläche und zum Bestäuben

1 Den Boden und die Seiten einer rechteckigen Form (18 x 18 cm) mit Reispapier auslegen.

2 Mandeln und Pistazien auf einem Stück Backpapier ausbreiten. Beides im vorgeheizten Ofen bei 160 Grad ca. 5 Minuten trocknen. Hitze abschalten und Nüsse im Ofen warm halten.

3 Puderzucker, Honig, Zucker und Eiweiße in einen großen Topf geben und bei schwacher Hitze 20–30 Minuten unter ständigem Rühren kochen, bis eine dickflüssige, glänzende Masse entsteht. Wenn man etwas von der Masse in kaltes Wasser gibt, sollte sie zwar fest, aber nicht hart werden. Bis die Mischung andickt, kann ein elektrisches Handrührgerät auf höchster Stufe verwendet werden. Dann auf mittlere Stufe herunterschalten oder mit einem großen Holzkochlöffel rühren.

4 Warme Nüsse und Kirschen gründlich unter die Nougatmasse rühren. Eine Arbeitsfläche mit 3 Eßlöffeln Puderzucker bestäuben. Die Nougatmasse daraufgeben und 5–10 Minuten abkühlen lassen. Dann in Größe der vorbereiteten Form flach drücken. Übrigen Puderzucker darüberstäuben. Nougat vorsichtig in die vorbereitete Form heben und darin glattstreichen. Mit Reispapier abdecken. Ein Stück Pergamentpapier in Größe der Form zuschneiden und darauf legen. Das Nougat mit einem passend großen Brett beschweren.

5 Nougat auskühlen lassen. Brett und Pergamentpapier entfernen. In kleine rechteckige Stücke schneiden und in Cellophan wickeln. Das Nougat hält sich in einer luftdicht verschlossenen Dose bis zu 4 Wochen frisch.

ERGIBT ETWA 500 GRAMM

SCHOKOLADENTÖRTCHEN MIT LIKÖR

Zubereitungszeit: ca. 45 Minuten, plus Kühlzeit

SCHOKOLADENFÖRMCHEN:
- 150 g Zartbitterschokolade (in Stückchen)

FÜLLUNG:
- 175 g weiße Schokolade (in Stückchen)
- 4 Eßlöffel Schlagsahne
- 2 Eßlöffel Weinbrand

ZUM DEKORIEREN:
- 50 g Zartbitterschokolade (in Stückchen)
- 25 g weiße Schokolade (in Stückchen)
- kleine Schokoladenröllchen oder abgeschabte Schokolade (siehe Seite 24-25)

1 Backblech mit Backpapier auslegen. Für die Schokoladenförmchen die Schokolade in einer Schüssel im Wasserbad schmelzen.

2 Mit einer Pralinengabel oder zwei Gabeln nach und nach 24 Pralinenförmchen in die Schokolade tauchen. Die Förmchen umgedreht auf das Backpapier legen und kalt stellen, bis die Schokolade fest geworden ist.

3 Für die Füllung die weiße Schokolade mit der Schlagsahne in einer Schüssel im Wasserbad schmelzen. Den Weinbrand unterrühren. Die Mischung abkühlen lassen.

4 Die Schokoladenförmchen bis fast zum Rand mit der Likör-Mischung füllen. Im Kühlschrank kühl stellen, bis die Füllung vollständig erkaltet ist.

5 Für die Dekoration die Zartbitterschokolade und die weiße Schokolade in separaten Schüsseln im Wasserbad schmelzen. Zartbitterschokolade über die Füllung der Törtchen streichen, so daß sie vollständig bedeckt ist.

6 Weiße Schokolade in eine kleine Spritztüte aus Pergamentpapier füllen und das Ende abschneiden (siehe Seite 25). Bevor die Zartbitterschokolade erkaltet ist, die weiße Schokolade kreisförmig darüberspritzen und mit einem Holzstäbchen darauf ein Muster ziehen, oder ein Gittermuster aufspritzen. Wenn Schokoladenröllchen oder abgeschabte Schokolade zur Dekoration verwendet werden, die Törtchen damit garnieren, bevor die Schokolade erkaltet ist.

24 STÜCK

ROSINEN-NUSS-PRALINEN

Zubereitungszeit: ca. 30 Minuten, plus Ruhezeit

- 250 g Rosinen
- 250 g Haselnußkerne (gehäutet und geröstet)
- 75 g Mandel-Krokant (siehe Seite 7; zerdrückt)
- 450 g Zartbitterschokolade (geschmolzen)

SCHOKOLADENGLASUR:

- 375 g Zartbitterschokolade

1 Zwei Backbleche jeweils mit Backpapier auslegen.

2 Rosinen, Haselnüsse und zerdrückte Mandel-Krokant in einer großen Schüssel mischen. Geschmolzene Schokolade unterrühren und die Zutaten gut mischen.

3 Zum Formen der Pralinen je 1 Teelöffel der Krokantmischung entnehmen und mit dem Rücken eines zweiten Teelöffels als Häufchen auf eines der vorbereiteten Backbleche schieben. Pralinen an einem kühlen Ort ca. 1 Stunde erkalten lassen.

4 Für die Glasur die Schokolade in einer Schüssel im Wasserbad schmelzen. Pralinen mit zwei Gabeln oder einer dreizinkigen Pralinengabel in die Schokolade tauchen. Danach die überschüssige Schokolade durch Schütteln der Gabeln abfließen lassen. Pralinen zum Erkalten auf das zweite Blech gleiten lassen. Wenn die Schokolade fest geworden ist, die Pralinen in Papierförmchen füllen und anbieten.

36 STÜCK

PARANÜSSE IN SCHOKOLADE

Zubereitungszeit: ca. 20 Minuten

- 175 g Zartbitterschokolade (in Stückchen)
- 125 g Paranußkerne

1 Backblech mit Back- oder Pergamentpapier auslegen.

2 Schokolade in einer Schüssel im Wasserbad schmelzen lassen.

3 Jede Paranuß mit zwei Gabeln in die Schokolade tauchen, so daß sie vollständig davon überzogen ist. Mit den Gabeln leicht auf den Schüsselrand klopfen und überschüssige Schokolade abfließen lassen. Auf das vorbereitete Backblech legen. Paranüsse in Schokolade halten in einem luftdicht verschlossenem Behälter bis zu 4 Wochen.

Hinweis: Wenn nur noch wenig Schokolade, ca. 50 ml, in der Schüssel ist, kann sie nicht mehr zum Eintauchen verwendet werden. Mit diesem Rest können ein paar Rosinen-Nuß-Pralinen hergestellt werden.

ERGIBT ETWA 300 GRAMM

VARIATIONEN

MANDELN IN SCHOKOLADE

Abgezogene Mandeln einzeln in Schokolade tauchen.

HASELNÜSSE IN SCHOKOLADE

Haselnußkerne einzeln in Schokolade tauchen. Je 3 mit Schokolade überzogene Haselnüsse zusammen zum Erkalten auf das Blech legen.

SCHOKOLADENWÜRFEL MIT DATTELN

Vorbereitungszeit: ca. 20 Minuten, plus Kühlzeit
Garzeit: ca. 40 Minuten
Ofentemperatur: 180 Grad, Gas Stufe 2–3, Umluft 160 Grad

- 250 g Datteln (ohne Kern und gehackt)
- 150 g brauner Zucker
- 125 g Butter
- 125 g Zartbitterschokolade
- 2 Eier
- 175 g Weizenmehl
- 1 Teelöffel Backpulver
- 125 ml Orangensaft
- 125 ml Milch
- 125 g gehackte Walnußkerne
- ca. 30 Walnußkernhälften

SCHOKOLADENGLASUR:

- 200 g Puderzucker
- 1 Eßlöffel Kakaopulver
- 1 Teelöffel Butter

1 Backblech (30 x 25 cm) fetten und mit Mehl bestäuben.

2 Datteln, Zucker, Butter und 125 ml Wasser in einem Topf unter Rühren aufkochen, bis sich der Zucker auflöst. Bei schwacher Hitze ca. 5 Minuten unter ständigem Rühren köcheln lassen, bis die Datteln weich sind.

3 Mischung vom Herd nehmen. Schokolade in Stücke brechen, unterrühren und darin schmelzen lassen. Beiseite stellen und abkühlen lassen.

4 Eier nacheinander unterschlagen. Abwechselnd gesiebtes Mehl, Backpulver, Orangensaft und Milch unter die Schokoladenmischung rühren, bis alle Zutaten gut vermengt sind. Gehackte Walnüsse zugeben.

5 Schokoladenmischung gleichmäßig auf das vorbereitete Backblech streichen und im vorgeheizten Ofen bei 180 Grad ca. 30 Minuten backen, bis bei der Stäbchenprobe kein Teig mehr an einem Holzstäbchen haftet. Herausnehmen und vollständig auskühlen lassen.

6 Für die Glasur Puderzucker und Kakaopulver in eine kleine hitzebeständige Schüssel sieben. Butter in 1 Eßlöffel kochendem Wasser schmelzen und unter den Puderzucker rühren, bis eine geschmeidige Paste entsteht. Masse im Wasserbad ca. 1 Minute verrühren.

7 Glasur über den Kuchen geben und die Oberfläche mit einem in heißes Wasser getauchten Teigschaber glattstreichen. In Quadrate schneiden und diese mit den Walnußhälften dekorieren.

ETWA 30 STÜCK

TRÜFFELN

Vorbereitungszeit: ca. 20 Minuten, plus Kühlzeit
Garzeit: 15–20 Minuten

- 375 g Schokolade (in Stückchen)
- 150 g Schlagsahne
- 2–4 Eßlöffel Weinbrand
- Kakaopulver, Mandel-Krokant (siehe Seite 7; zerstoßen) und Puderzucker zum Wälzen

1 Schokolade in einer Schüssel im Wasserbad unter Rühren schmelzen, bis eine geschmeidige Masse entsteht. Vom Herd nehmen.

2 Schlagsahne in einem kleinen Topf erhitzen, bis sie lauwarm ist und langsam unter ständigem Rühren zu der Schokolade gießen. Abkühlen lassen. Weinbrand unter die Mischung rühren. Die Masse kräftig schlagen, bis eine homogene hellbraune Masse entstanden ist. So lange kalt stellen, bis die Trüffelmasse sich mit den Händen formen läßt.

3 Reichlich Kakaopulver auf eine saubere, trockene Arbeitsfläche sieben. Zerstoßene Mandel-Krokant und Puderzucker jeweils in eine kleine Schüssel füllen. Von der Trüffelmasse einen gehäuften Teelöffel abstechen. Mit einem zweiten Teelöffel die Masse auf das Kakaopulver schieben. Jedes Häufchen zu einer Kugel formen. Die Trüffeln abwechselnd in Kakaopulver, Mandel-Krokant oder Puderzucker wälzen. Trüffeln in Schälchen oder auf einen Teller geben und servieren.

30 STÜCK

VARIATION

SCHOKOLADENTRÜFFELN

Die Trüffeln können auch in geschmolzene weiße Schokolade getaucht werden. Mit ca. 125 g geschmolzener Schokolade können ca. 16 Pralinen überzogen werden. Die Trüffeln jeweils mit einer Pralinengabel in die geschmolzene Schokolade tauchen. Mit der Gabel leicht auf den Schüsselrand klopfen und überschüssige Schokolade abfließen lassen. Die Unterseite der Gabelzinken am Schüsselrand abwischen. Trüffeln auf ein mit Backpapier ausgelegtes Backblech setzen. An einem kühlen Ort, aber nicht im Kühlschrank, aufbewahren.

WEICHE KARAMELLEN

Vorbereitungszeit: ca. 20 Minuten, plus Ruhezeit
Garzeit: 10–15 Minuten

- 1 kg Zucker
- 425 ml Kondensmilch
- 125 g Butter

AUSSERDEM:

- Öl zum Fetten

1 Ein Backblech (25 x 15 cm) mit etwas Öl ausfetten.

2 Alle Zutaten und 150 ml Wasser in einem großen Topf bei mittlerer Hitze unter ständigem Rühren erhitzen, bis sich der Zucker aufgelöst hat und die Butter vollständig geschmolzen ist.

3 Mischung aufkochen und köcheln lassen, bis sich daraus weiche Bällchen formen lassen. Ab und zu umrühren. Zum Test etwas von der Masse in ein Glas mit Eiswasser geben. Wenn sie sich darin zu einer weichen Kugel formt, den Topf vom Herd nehmen.

4 Die Masse kräftig schlagen, bis die Mischung andickt und körnig wird. Auf das vorbereitete Backblech gießen und glattstreichen. Zum Erstarren kühl stellen. Fudge in Würfel schneiden und in einem luftdicht verschlossenen Behälter bis zum Verzehr aufbewahren.

ERGIBT 1,25 KILOGRAMM

VARIATION

SCHOKOLADEN-KARAMELLEN

175 g Zartbitterschokolade (in Stückchen) in den Topf zur Fudgemasse geben, nachdem der Topf vom Herd (siehe Schritt 3) genommen wurde. Alles so lange rühren, bis die Schokolade geschmolzen ist. Wie im Hauptrezept beschrieben fortfahren.

ZITRONEN-KOKOSNUSS-TRÜFFELN

Vorbereitungszeit: ca. 30 Minuten, plus Kühlzeit
Garzeit: ca. 5 Minuten

- 125 g Schlagsahne
- 250 g weiße Schokolade (gehackt)
- 3 Teelöffel abgeriebene Schale von 1 unbehandelten Zitrone
- 140 g Kokosraspel
- 8 Tropfen gelbe Lebensmittelfarbe
- 3 Teelöffel Milch

1 Sahne in einem Topf langsam unter Rühren aufkochen. Vom Herd nehmen und weiße Schokolade unterrühren. Zirka 30 Minuten abkühlen lassen.

2 Schokoladenmilch mit dem Handrührgerät zu einer geschmeidigen Masse schlagen. Zitronenschale und 40 g Kokosraspel unterrühren. Masse teelöffelweise auf ein mit Alufolie ausgelegtes Blech legen und kalt stellen.

3 Lebensmittelfarbe und Milch verrühren. Unter die übrigen Kokosraspel mischen. Aus der Trüffelmasse Kugeln formen, in Kokosraspeln wenden. Kühl aufbewahren.

ETWA 30 STÜCK

TÜRKISCHER HONIG MIT ORANGENGESCHMACK

Vorbereitungszeit: ca. 20 Minuten, plus Ruhezeit
Garzeit: ca. 20 Minuten

- abgeriebene Schale von 2 unbehandelten Orangen
- abgeriebene Schale von 1 unbehandelten Zitrone
- 40 g gemahlene Gelatine
- 500 g Zucker
- 4 Eßlöffel Orangensaft
- 2 Eßlöffel Orangenblütenwasser
- 250 g Puderzucker (gesiebt)
- 2 Eßlöffel Speisestärke

1 In einem Topf 150 ml Wasser, Orangen- und Zitronenschale zum Kochen bringen und ca. 10 Minuten köcheln. In einem zweiten Topf 150 ml Wasser aufkochen, in eine kleine Schüssel gießen und die Gelatine darin unter Rühren auflösen.

2 Zucker, Gelatine, Orangensaft und Orangenblütenwasser in den Topf zu den Zitrusfruchtschalen geben. Bei mittlerer Hitze so lange rühren, bis sich der Zucker aufgelöst hat. Die Mischung aufkochen und weitere 10 Minuten kochen lassen.

3 Zucker-Orangensaft-Mischung durch ein Sieb in eine befeuchtete rechteckige Form (18 x 18 cm) gießen. Abkühlen und über Nacht erstarren lassen.

4 Puderzucker und Speisestärke mischen. Eine Arbeitsfläche mit etwas von der Puderzuckermischung bestäuben. Ränder des türkischen Honigs mit einem nassen Messer lösen. Boden der Form kurz in heißes Wasser halten. Türkischen Honig auf die Arbeitsfläche stürzen.

5 In 36 Stücke schneiden. Mit übriger Puderzuckermischung in eine große Plastiktüte geben. Tüte schütteln, so daß die Stücke gleichmäßig mit Puderzucker überzogen werden. Lagenweise auf Pergamentpapier in Dosen schichten. Jede Schicht mit der restlichen Puderzuckermischung aus der Tüte bestäuben.

6 Der türkische Honig hält sich ca. 2 Wochen.

ETWA 36 STÜCK

INGWERBROT MIT KARAMELGLASUR

Vorbereitungszeit: ca. 40 Minuten
Garzeit: ca. 1 1/2 Stunden
Ofentemperatur: 150 Grad, Gas Stufe 1, Umluft 130 Grad

- 175 g brauner Zucker
- 125 g weiche Margarine
- 200 g Ahornsirup
- 425 g Weizenmehl
- 1 1/2 Teelöffel Backpulver
- 1/2 Teelöffel Natron
- 2 Teelöffel Ingwerpulver
- 1 Ei
- 150 ml Milch
- 125 gehackte Walnußkerne

Karamelglasur:

- 250 g Puderzucker (gesiebt)
- 50 g weiche Margarine
- 3 Eßlöffel Milch

1 Eine rechteckige Backform (23 x 23 cm) fetten und mit Backpapier auslegen.

2 Zucker, Margarine und Ahornsirup in einen Topf geben. Die Mischung bei mittlerer Hitze unter ständigem Rühren erhitzen, bis sich der Zucker aufgelöst hat. Abkühlen lassen.

3 Mehl, Backpulver, Natron und Ingwerpulver in eine Schüssel sieben.

4 Mehlmischung zum abgekühlten Sirup geben. Ei und Milch so lange unterrühren, bis eine geschmeidige Masse entsteht.

5 Mischung in die vorbereitete Form gießen. Im vorgeheizten Ofen ca. 1 1/2 Stunden backen. Form herausnehmen, auf ein Kuchengitter stellen und abkühlen lassen.

6 Für die Fudge-Glasur Puderzucker, Margarine und Milch in einer Schüssel im Wasserbad verrühren, bis eine geschmeidige, glänzende Masse entsteht.

7 Vom Herd nehmen und abkühlen lassen. Kalte Glasur so lange schlagen, bis sie andickt.

8 Glasur auf das abgekühlte Ingwerbrot streichen und mit gehackten Walnüssen bestreuen. Glasur erstarren lassen und das Ingwerbrot in 16 Stücke schneiden.

9 Ingwerbrot in einer Dose oder einzeln in Frischhaltefolie verpackt aufbewahren. In einem luftdicht verschlossenen Gefäß hält es sich bis zu 2 Wochen frisch.

16 QUADRATE